广州大学公法论丛

A Handbook of Local Legislation

地方立法教程

董 皞◎主编

中国政法大学出版社

2020·北京

本书是广东省地方立法研究高校联盟"立法学特色课程建设"
项目结项成果

序　言

广州大学地方立法学研究团队在董皞教授的带领下，积极总结、凝练地方立法的优秀经验，并敏锐地洞见了当下地方立法的发展趋势与高校立法学教育的客观需求，编著出一部紧扣时代脉搏、凸显地方特色、回应人才培养需要的专业性立法学教材——《地方立法教程》。

该教材较为全面地反映了科学立法、民主立法、依法立法在地方立法中的实践及新思考。概言之，科学立法，核心在于立法要尊重和体现客观规律，从国情和实际出发，顺应时代发展要求，遵循法律体系的内在规律；民主立法，核心在于立法为民、依靠人民，使法律真正反映人民意愿，保障人民权利；依法立法，核心在于依照法定权限和程序立法，切实遵循不抵触原则，不违背宪法原则和精神，不违背上位法的规定，自觉维护社会主义法制的统一、尊严、权威。

《地方立法教程》必将为我国的立法学发展增添一抹靓丽之色，在即将出版之际，董皞教授请我为之做序。我欣然为之。写下只言片语，既是对董皞教授所带领的立法学研究团队的祝贺，也是对该教材的赞赏和推荐。我国在地方立法领域正值用人之际，希望高校法学学生能够学有所成，投身于地方立法建设中，为中国特色社会主义法治国家建设贡献力量。

乔晓阳

2020 年 6 月 1 日于北京

目　录

绪　论

　　地方立法是中国特色社会主义法律体系的重要组成部分，在维护法制统一，确保宪法、法律和行政法规在本行政区域实施，推动改革开放和社会主义现代化建设以及社会各项事业健康发展等方面起到至关重要的作用。

　　《中华人民共和国立法法》（以下简称《立法法》）作为规范立法活动、完善中国特色社会主义法律体系的重要依据，从 2000 年制定并实施一直发挥着重要作用。但随着我国改革开放的不断推进，人民当家作主，公民的民主意识越发强烈，对法治的要求也逐渐加强，在立法问题上，要求民主立法、科学立法、减少部门利益色彩等思想如雨后春笋般涌现，基于 2000 年《立法法》的固有缺陷[1]和我国法制的不断完善，第十二届全国人民代表大会决定对《立法法》予以修改，并在第三次会议上通过关于修改《立法法》的决定，2015 年 3 月 15 日，新《立法法》就此产生。

　　地方立法作为新《立法法》重点修改的部分之一，必须得到央地立法主体的关注和重视。其中，新《立法法》将第 63 条第 2 款"较大的市的人民代表大会及其常务委员会根据本市的具体情况和实际需要，在不同宪法、法律、行政法规和本省、自治区的地方性法规相抵触的前提下，可以制定地方性法规，报省、自治区的人民代表大会常务委员会批准后施行……"改为第 72 条第 2 款"设区的市的人民代表大会及其常务委员会根据本市的具体情况和实际需要，在不同宪法、法律、行政法规和本省、自治区的地方性法规相抵触

---

　　[1]　固有缺陷："宜粗不宜细"理念；"追求地方立法数量而非立法质量"理念；立法多以部门立法为主，追求部门利益；人大和政府的立法权限划分不够明确；等等。

的前提下，可以对城乡建设与管理、环境保护、历史文化保护等方面的事项制定地方性法规，法律对设区的市制定地方性法规的事项另有规定的，从其规定……"。另将第73条修改为第82条，并增加第3款"设区的市、自治州的人民政府根据本条第一款、第二款制定地方政府规章，限于城乡建设与管理、环境保护、历史文化保护等方面的事项。已经制定的地方政府规章，涉及上述事项范围以外的，继续有效"。

从字面意思可以看到，新《立法法》用"设区的市"替代了"较大的市"，同时将地方立法的权限限定在"城乡建设与管理、环境保护、历史文化保护等方面"。

在"设区的市"拥有立法权问题上，有学者持反对意见，表示不仅原《立法法》中"较大的市"拥有立法权违反了《中华人民共和国宪法》（以下简称《宪法》）第100条[1]的规定，新《立法法》将"较大的市"修改为"设区的市"，同样是不符合《宪法》要求的，《宪法》第100条仅明确赋予省级地方立法权，未赋予其他地级市地方立法权，并且基于"谨慎放权"理论、"一统就死，一放就乱"理论可知，《宪法》该规定不能被扩大解释，不能表示《宪法》许可地方立法权及于省级以下地方机构，所以新《立法法》给予"设区的市"立法权属于违宪。但更多学者认为"设区的市拥有立法权"并没有违背《宪法》规定，理由包括：第一，1982年宪法的修改在地方各级人大常委会的权力问题上其实暗含着放权意思。1982年4月23日，第五届全国人大常委会第二十三次会议就彭真于前一日所作的《关于中华人民共和国宪法修改草案的说明》进行讨论，狄景襄和马识途就指出："如果在宪法中对地方人大常委会的职权和机构不做详细规定，至少也应有一条原则规定，或者在说明中指出地方人大常委会可以参照全国人大常委会的规定办理，今后在'地方组织法'中再做详细规定。"结合实践可知，所谓"原则规定"即《宪法》第100条，《宪法》修改6天之后即行修改的《中华人民共和国地方各级人民代表大会和地方各级人民政府组织法》（以下简称《地方组织

---

[1]《宪法》第100条第1款：省、直辖市的人民代表大会和它们的常务委员会，在不同宪法、法律、行政法规相抵触的前提下，可以制定地方性法规，报全国人民代表大会常务委员会备案。

法》）对市级人大及其常委会的立法权问题进行明确，同时表明《宪法》对地方立法放权的意图。[1]第二，新《立法法》的此次修改并没有违背"谨慎放权"理念，一方面未给予县级地方立法权，另一方面，对设区的市的立法权进行了限制，仅允许在"城乡建设与管理、环境保护、历史文化保护"范围内立法。

在"设区的市、自治州"地方立法的权限问题上，学界对"城乡建设与管理、环境保护、历史文化保护等方面"中"等"的涵义也存在不同看法。有学者认为是"等内等"，有学者认为是"等外等"，持"等外等"的学者认为依据原《立法法》对"较大的市"给予立法权的规定，"只要是根据本市具体情况和实际需要，在不同宪法、法律、行政法规和本省、自治区的地方性法规相抵触的前提下，就可以制定地方性法规"理念，新《立法法》不过是对地方立法可能涉及的领域予以列举，并通过"等"字变向表述原《立法法》第63条第2款的规定。持"等内等"的学者则表示将设区的市立法仅限于"城乡建设与管理、环境保护、历史文化保护"符合"谨慎放权"理念要求，同时新《立法法》第72条第6款以及第82条第3款"涉及本条第二款规定事项范围以外的，继续有效"的规定也表明"等"为"等内等"。

如何正确认识地方立法，充分运用地方立法权规范地方事务为本书的焦点，围绕地方立法问题，从立法体制、立法权限、立法程序以及技术等方面详细阐述地方立法，以求帮助学习者全面、正确理解地方立法。

---

[1] 参见郑毅："对我国《立法法》修改后若干疑难问题的诠释与回应"，载《政治与法律》2016年第1期。

第一章　地方立法概述

第一节　地方立法的概念与特征

一、地方立法的概念

建设法治中国，是新时期集法治国家、法治政府和法治社会为一体的法治建设新目标；坚持依法治国、依法执政、依法行政共同推进，坚持法治国家、法治政府、法治社会一体建设，是法治中国建设的新路径；科学立法、严格执法、公正司法、全民守法，是法治中国建设的新方针；法治思维和法治方式，是法治中国建设的新方法。其中，科学立法是法治中国建设的前提，法的存在是法治的基础，立法是法治建设工作的万事之始。[1]立法通常是指由特定主体，依据一定的职权和程序，运用一定技术，创制、认可、修改或废止法律以及规范性法律文件的活动。

1949 年出台的《中国人民政治协商会议共同纲领》《中央人民政府组织法》《大行政区人民政府委员会组织通则》规定了中央人民政府委员会是唯一行使国家立法权的机关，大行政区人民政府委员会有权拟定与地方政务有关的暂行法令条例，报告政务院批准或备案。

1954 年 9 月 20 日，第一届全国人民代表大会第一次会议制定了我国第一

---

〔1〕　参见胡建淼："学习习近平总书记关于'法治中国'的系列讲话"，http://theory. people. com. cn/n/2014/0224/c40531 - 24448914. html，最后访问日期：2016 年 8 月 15 日。

部宪法，确定了全国人民代表大会是行使国家立法权的唯一机关，全国人民代表大会常务委员会行使解释法律、制定法令的职权，自治区、自治州、自治县的自治机关可以依照当地民族的政治、经济和文化特点，制定自治条例和单行条例，报请全国人民代表大会常务委员会批准。1975 年宪法和 1978 年宪法在关于立法权的规定上沿袭了 1954 年宪法。

真正意义上的地方立法一直要到 1979 年《地方组织法》的出台以及之后 1982 年通过的《宪法》，赋予省级地方权力机关、民族自治地方权力机关、省会市和较大的市的权力机关以及省级政府、省会市政府和较大的市政府地方立法权。

此后，2015 年修改的《立法法》进一步对地方立法权进行修改，一方面扩大了地方立法权享有主体，一方面缩小了地方立法权限，例如第 72 条第 2 款规定，"设区的市的人民代表大会及其常务委员会根据本市的具体情况和实际需要，在不同宪法、法律、行政法规和本省、自治区的地方性法规相抵触的前提下，可以对城乡建设与管理、环境保护、历史文化保护等方面的事项制定地方性法规"。

从新中国成立至今，地方立法一波三折，直至 1979 年《地方组织法》的出台才基本形成中央立法和地方立法两级立法体制。纵观立法发展史，可知，地方立法是指由《宪法》《立法法》《地方组织法》等确定的，或有关法律、法规授权，或有权机关授权或委托的省、自治区、直辖市、设区的市和自治州的国家权力机关和政府及经济特区所在地的省、市的立法机关制定、认可、修改、补充和废止包括地方性法规、自治条例、单行条例、地方政府规章、特别行政区的法律，以及被授权主体制定的效力及于一定地方行政区域的规范性法律文件的活动。

二、地方立法的特征

一是从属性。从属性指地方立法要以国家法律、行政法规为依据，不能与法律、行政法规相抵触。首先，立法权来源的从属性。即，地方立法权来源于宪法和法律的授予，先有中央立法权，然后再通过宪法和法律赋予地方一定的立法权限。由于中央立法主体有限且立法内容涉及全国普遍问题并在全国范围内予以适用，所以其规定相对概括、抽象、不易操作，加之立法有时效性要求，必须按时制定以作为解决问题的法律依据，致使用时相对较少，因此能够有效解决地方问题、具有适用性的地方立法成为中国特色社会主义立法体系不可或缺的一部分。其次，立法权限范围的从属性。《立法法》明确规定了中央专属立法权范围内的事项，"有关犯罪和刑罚、对公民政治权利的剥夺和限制人身自由的强制措施和处罚、司法制度等事项"属于中央绝对保留事项，地方立法不能涉及。除绝对保留事项外，尚未制定法律或者行政法规的，地方可以先行立法，但中央立法后，地方立法与之相抵触的部分无效，并且制定机关应当及时予以修改或废止。再次，立法内容的从属性。《立法法》第73条、第82条规定地方性法规可以就下列事项作出规定：为执行法律、行政法规的规定，需要根据本行政区域的实际情况作具体规定的事项；地方政府规章可以就下列事项作出规定：为执行法律、行政法规、地方性法规的规定需要制定规章的事项。最后，效力等级的从属性。地方立法处于补充、执行中央立法的地位；地方性法规不得违反宪法、法律和行政法规，地方政府规章除不得违反宪法、法律和行政法规外还不能违背本级和上级地方性法规。

二是地方性。即地方立法的主要任务是解决地方问题，从本地实际情况出发，具有鲜明的地方特色。地方立法的效力限于本行政区域，在区域内具有普遍约束力，该区域内的一切国家机关、政党、社会团体、企业事业组织、基层群众性自治组织和公民都必须遵守地方立法的相关规定。主要包括：第一，立法主体的地方性，为地方国家权力机关和地方政府；第二，内容的地方性，地方立法主要是解决地方问题，所涉内容为地方性事务，是根据本地方实际制定的条例、实施办法、规定等；第三，适用范围的地方性，地方立法主体为地方立法机关，集中解决地方立法问题，其制定的地方性法规、规章等的效力仅及于本行政区域管辖范围。

三是自主性。地方立法之所以存在，除了具体实施国家法律、法规之外，还以地方立法的形式自主地、积极地解决应当由地方自行解决的问题，尤其是解决中央立法不能或者是不便解决的问题，发挥国家立法"试验田"的作用。"没有一个政府、即使是最独裁的政府能够做到一切公共决策都由中央作出。"〔1〕《立法法》第 73 条、第 82 条分别规定，地方性法规可以就下列事项作出规定：属于地方性事务需要制定地方性法规的事项；地方政府规章可以就下列事项作出规定：属于本行政区域的具体行政管理事项。以立法的形式调整本地方的社会关系，解决应当由本地自行处理的问题，这是地方立法存在的意义与价值之所在。

四是操作性。相对于国家立法权，我国地方立法机关的首要职能是确保宪法、法律和行政法规在本行政区域的遵守和执行，地方立法的主要类型是执行性立法，也就是将国家综合和概括的各地方共性问题制定的原则性较强、覆盖面较广、内容较抽象的法律，针对本地政治、经济、文化等客观实际发展状况和水平，进一步具体化、区域化和实用化，使之具有更强的操作性。〔2〕

五是补充性。我国地域辽阔、人口众多，民族之间、地区之间的经济、文化、社会发展水平差异较大，中央立法需要涵盖整个国家事务，其立法内容虽全面但抽象、不够具体，这就决定了我国立法体制涵盖中央和地方两级立法的必要性，许多法律、行政法规需要地方立法加以补充和细化。经过地方享有一定立法权的机关根据地方实际情况再予以充实和完善，更能适应地方法治发展需要，更能确保中央立法在地方的贯彻与落实。

第二节 地方立法的历史沿革

地方立法权的有无、多寡与该国政治、经济、社会、文化的发展变化有密切关系，一个中央高度集权的国家，其一切社会规范都由皇权或者中央政权所掌控，在这样的背景下，地方立法权要么完全没有，要么少之又少；在一个民主法治的国家，其一切社会活动由法律所约束，给予地方权力机关适当立法权可推动法制建设与地方特色相结合，便于更好贯彻法治文明的运行。我国的地方立法也不例外，从新中国成立以来，我国立法经历了分权到中央集权再到分权的发展过程。

---

〔1〕 董礼胜：《欧盟成员国中央与地方关系比较研究》，中国政法大学出版社 2000 年版，第 27 页。

〔2〕 参见李力："我国地方立法权限问题探讨"，载《法商研究（中南政法学院学报）》1999 年第 4 期。

一、地方与中央分享立法权

1949 年新中国成立，中国社会从动荡不安中逐渐走向平静，但同时一切都处于百废待兴的状态。国家的运行问题、制度的建设问题、社会的管理问题等成为此阶段最关键的问题。

1949 年 9 月 27 日，中国人民政治协商会议第一届全体会议通过的《中央人民政府组织法》第 7 条规定，中央人民政府委员会依据中国人民政治协商会议全体会议制定的共同纲领，行使制定并解释国家的法律，颁布法令，并监督其执行；规定国家的施政方针；废除或修改政务院与国家的法律、法令相抵触的决议和命令。第 15 条规定，政务院根据并为执行中国人民政治协商会议共同纲领、国家的法律、法令和中央人民政府委员会规定的施政方针，行使颁发决议和命令，并审查其执行；废除或修改各委、部、会、院、署、行和各级政府与国家的法律、法令和政务院的决议、命令相抵触的决议和命令；向中央人民政府委员会提出议案。

1949 年 9 月 29 日，中国人民政治协商会议第一届全体会议通过了《中国人民政治协商会议共同纲领》，该共同纲领是一部起临时宪法作用的纲领，该纲领对国家性质、基本制度建设等问题进行规范，同时对我国立法体制进行了规定，享有立法职权的主体在中央是中国人民政治协商会议全体会议和中央人民政府委员会及政务院，在地方是大行政区的人民政府。

1949 年 12 月 16 日，中央人民政府政务院第十一次政务会议通过的《大行政区人民政府委员会组织通则》规定大行政区人民政府有权拟定与地方政务有关的暂行法令条例，报政务院批准或者备案。1950 年 1 月 6 日通过的《省人民政府组织通则》《市人民政府组织通则》《县人民政府组织通则》规定，省、市、县人民政府委员会有权拟定与省政、市政、县政有关的暂行法令条例或单行法规，报告上级人民政府批准备案。

从新中国成立到 1954 年颁布《宪法》前，我国立法权处于分权阶段，中央和地方都拥有立法权，表现为：在中央，中国人民政治协商会议全体会议有最高立法权，有权制定和修改《中国人民政治协商会议共同纲领》《中央人民政府组织法》；中央人民政府委员会有立法权，有权制定并解释国家法律，颁布或者修改法令，废止政务院的政令及与外国订立的条约或协定；政务院有权颁布决定和命令，废除或修改各部委和地方政府与法律政令相抵触的决议和命令。在地方，大行政区、省、直辖市、大行政区辖市、省辖市、县、民族自治地方等各级人民政府，都有一定的立法权限，可在自己的辖区范围内颁行法令、条例、单行法规等。[1]

二、中央独享立法权

这一时期，我国立法体制受法律虚无主义影响，立法权主要集中由全国人大行使，全国人大常委会负责解释法律和修改法律中不适当的条文，一般地方立法权被收回，仅给予自治区、自治县部分立法权。

1954年9月20日，第一届全国人民代表大会第一次会议通过了我国第一部《宪法》，其第22条规定全国人民代表大会是行使国家立法权的唯一机关；第27条规定全国人民代表大会行使修改宪法、制定法律、监督宪法的实施等职权；第31条规定全国人民代表大会常务委员会行使解释法律、制定法令等职权；第70条规定自治区、自治州、自治县的自治机关可以依照当地民族的政治、经济和文化的特点，制定自治条例和单行条例，报请全国人民代表大会常务委员会批准。

1955年，出于全国人民代表大会单独立法难以适应社会发展的考虑，授权全国人民代表大会常务委员会依照《宪法》的精神，根据实际需要，修改现行法律中不适当的条文和适时制定单行法规的权力。

1975年《宪法》取消了民族自治地方的立法权，1978年《宪法》恢复了民族自治地方的立法权，其第39条规定民族自治地方的自治机关可以依照当地民族的政治、经济和文化的特点，制定自治条例和单行条例，报请全国人民代表大会常务委员会批准。但均未涉及一般地方立法权问题。

三、地方立法权的逐渐法定化

据统计，从1954年到1979年，中央立法文件为1115件，地方立法的记

---

[1] 陈爱军："论地方立法——关于地方立法有关问题的研究"，安徽大学2003年硕士学位论文。

录为零。[1]高度集权制的立法体制严重影响了我国法制建设的进程，特别是"文化大革命"时期倡导的法律虚无主义更是对法治中国产生了毁灭性的副作用。于是，中央于1979年开始调整立法政策——放权让权，致力于解决中央立法权过于集中所带来的负面影响。

1979年7月1日，第五届全国人民代表大会第二次会议通过的《地方组织法》明确授予省级地方人大及其常委会地方立法权，省、自治区、直辖市的人民代表大会和它们的常务委员会根据本行政区域的具体情况和实际需要，在和国家宪法、法律、政策、法令、政令不抵触的前提下，可以制定地方性法规，并报全国人民代表大会常务委员会和国务院备案。

1982年《宪法》肯定了地方立法权，其第100条规定省、直辖市的人民代表大会和它们的常务委员会，在不同宪法、法律、行政法规相抵触的前提下，可以制定地方性法规，报全国人民代表大会常务委员会备案。第116条规定民族自治地方的人民代表大会有权依照当地民族的政治、经济和文化的特点，制定自治条例和单行条例。自治区的自治条例和单行条例，报全国人民代表大会常务委员会批准后生效。自治州、自治县的自治条例和单行条例，报省或者自治区的人民代表大会常务委员会批准后生效，并报全国人民代表大会常务委员会备案。

1982年12月10日，第五届全国人大第五次会议对《地方组织法》作了补充规定，省、自治区人民政府所在地的市和经国务院批准的较大的市的人民代表大会常务委员会，可以拟订本市需要的地方性法规草案，提请省、自治区的人民代表大会常务委员会审议制定，并报全国人民代表大会常务委员会和国务院备案。

1986年12月2日，第六届全国人民代表大会常务委员会第十八次会议对《地方组织法》再次作了修改，进一步扩大了地方立法权限，省、自治区的人民政府所在地的市和经国务院批准的较大的市的人民代表大会和它们的常务委员会根据本市的具体情况和实际需要，在不同宪法、法律、行政法规相抵触的前提下，可以制定地方性法规，报省、自治区的人民代表大会常务委员

---

[1] 陈爱军："论地方立法——关于地方立法有关问题的研究"，安徽大学2003年硕士学位论文。

会批准后施行，并由省、自治区的人民代表大会常务委员会报全国人民代表大会常务委员会和国务院备案。

2000 年 3 月 15 日，第九届全国人民代表大会第三次会议通过的《立法法》不仅全面确认了上述地方立法机关享有的立法权力，而且进一步规定，经济特区所在地的市人民代表大会及其常委会和人民政府也可以制定地方性法规和政府规章。其第 63 条规定省、自治区、直辖市的人民代表大会及其常务委员会根据本行政区域的具体情况和实际需要，在不同宪法、法律、行政法规相抵触的前提下，可以制定地方性法规。较大的市的人民代表大会及其常务委员会根据本市的具体情况和实际需要，在不同宪法、法律、行政法规和本省、自治区的地方性法规相抵触的前提下，可以制定地方性法规，报省、自治区的人民代表大会常务委员会批准后施行。第 66 条规定民族自治地方的人民代表大会有权依照当地民族的政治、经济和文化的特点，制定自治条例和单行条例。第 65 条规定经济特区所在地的省、市的人民代表大会及其常务委员会根据全国人民代表大会的授权决定，制定法规，在经济特区范围内实施。

2015 年 3 月 15 日，第十二届全国人民代表大会第三次会议对《立法法》进行修正，其中对地方立法权进行了适当修改，将"较大的市"修改为"设区的市"，同时将地方立法的权限限定在"城乡建设与管理、环境保护、历史文化保护等方面"。其第 72 条规定设区的市的人民代表大会及其常务委员会根据本市的具体情况和实际需要，在不同宪法、法律、行政法规和本省、自治区的地方性法规相抵触的前提下，可以对城乡建设与管理、环境保护、历史文化保护等方面的事项制定地方性法规，法律对设区的市制定地方性法规的事项另有规定的，从其规定。省、自治区的人民政府所在地的市，经济特区所在地的市和国务院已经批准的较大的市已经制定的地方性法规，涉及本条第二款规定事项范围以外的，继续有效。第 82 条规定省、自治区、直辖市和设区的市、自治州的人民政府，可以根据法律、行政法规和本省、自治区、直辖市的地方性法规，制定规章。

2015 年 8 月 29 日，第十二届全国人民代表大会常务委员会第十六次会议对《地方组织法》进行了第五次修正。其第 7 条规定设区的市的人民代表大会根据本市的具体情况和实际需要，在不同宪法、法律、行政法规和本省、自治区的地方性法规相抵触的前提下，可以制定地方性法规，报省、自治区的人民代表大会常务委员会批准后施行，并由省、自治区的人民代表大会常务委员会报全国人民代表大会常务委员会和国务院备案。第43条规定设区的市的人民代表大会常务委员会在本级人民代表大会闭会期间，根据本市的具体情况和实际需要，在不同宪法、法律、行政法规和本省、自治区的地方性法规相抵触的前提下，可以制定地方性法规，报省、自治区的人民代表大会常务委员会批准后施行，并由省、自治区的人民代表大会常务委员会报全国人民代表大会常务委员会和国务院备案。第60条规定设区的市的人民政府可以根据法律、行政法规和本省、自治区的地方性法规，制定规章，报国务院和省、自治区的人民代表大会常务委员会、人民政府以及本级人民代表大会常务委员会备案。

第三节　地方立法的地位与作用

一、地方立法的地位

一国地方立法的地位如何，从客观上说取决于该国各种有关国情因素的综合作用，从主观上说与执政者是否懂得并按照这种综合作用来设定地方立法的地位紧密相联，而其直接标志，在现代国家，则是该国宪法或宪法性法律对这一地位的确定，以及事实上地方立法处于何种地位。[1]中国地方立法，是处于较低层次但在法制建设、中国特色社会主义立法体系以及整个国家、社会和公民生活中起重大作用的、必不可少的立法。中国地方立法的地位可以从理论、法律规定出发以及现状进行分析。

第一，从理论和法律规定进行分析。中国要不要有地方立法，从根本上说，由国情对它的需要程度所决定，主要取决于国情中具有稳定性、长久性

---

〔1〕　黎昌晋："中国地方立法权限问题研究"，南开大学2010年硕士学位论文。

的因素是否需要有地方立法存在。[1]中国是世界上唯一一个文化没有断裂的国家，也是世界上受中央高度集权的专制主义统治最长久的国家，一直以来，"普天之下，莫非王土；率土之滨，莫非王臣"、严酷的刑罚制度等消极思想贯穿着中国传统文化。自新中国成立，"人民当家作主"理念深入人心，特别是改革开放浪潮的推动，邓小平的"黑白猫"理论，都推动着我国法制建设发展；"天下之事无大小皆决于法"，法律逐渐成为处理争议的最后一道防线，地方立法作为立法体系的一部分，其既享有一定立法权，又低于中央立法层级，这是我国现行地方立法法定地位的主要特点。根据我国《宪法》和《立法法》的规定，省、自治区、直辖市、设区的市、自治州、经济特区所在地的市的人大及其常委会有权制定地方性法规，以上地方的政府有权制定地方政府规章，各级民族自治地方有权制定自治条例和单行条例，同时，地方性法规不得同宪法、法律、行政法规相抵触，政府规章除了不能同宪法、法律、行政法规相抵触之外，还不能违背本级以及上级地方性法规。

　　第二，从实际地位进行分析。即地方立法在现实生活中是否发挥作用、如何发挥作用以及发挥怎样的作用。[2]我国自然地理、人文地理的复杂性要求法律具有多样性、地方性特点。我国幅员辽阔、地理环境复杂、人口和民族众多，并且各地经济、文化等发展极度不平衡，这些都成为地方立法得以长期存在并发展的国情理由。中国地方立法的法定地位与实际地位的立足点各不相同，一个着重于法律规范，一个立足于实际生活，两者并非完全一致。新中国成立初期，各大行政区享有一定立法权，之后一直到1979年《地方组织法》施行前，仅民族自治地方享有一定立法权，其他地方无立法权，1979年《地方组织法》施行后，地方再次获得立法权，省级地方权力机关、民族自治地方权力机关、省会市和较大市权力机关以及省级政府、省会市政府和较大的市政府都享有地方立法权。也就是说，1954年《宪法》施行后直至1979年《地方组织法》施行前，我国地方立法事实上几乎不起作用，没有什么实践地位。地方立法真正在法律上和实践上都有地位的时间段是在1954年

---

〔1〕　参见周旺生："论中国地方立法的地位"，载《政治与法律》1994年第5期。
〔2〕　参见黎昌晋："中国地方立法权限问题研究"，南开大学2010年硕士学位论文。

《宪法》施行前以及 1979 年《地方组织法》施行后。

二、地方立法的作用

地方立法是我国法律体系的重要组成部分，是国家立法的必要补充，在我国法律体系的总体框架中具有不可替代的作用。

首先，有利于宪法、法律和行政法规的贯彻执行。宪法、法律、行政法规作为中央法律文件，具有全国普遍适用性，在立法上更多为表明执法、守法方向和立场，对相关规范仅进行抽象、涵括规定，对于立法的具体内容更多地交由地方立法根据实际情况自行解决，或干脆直接交由地方自主立法。地方立法通过制定实施细则或变通规定，具体且丰富了中央立法内容，在实践中更具地方特色，便于宪法、法律和行政法规在地方的具体运用与执行。

其次，有利于因地制宜地解决地方问题。我国国土面积辽阔，地形复杂多样，各地风俗习惯各异，完全由中央立法解决各地问题显得不切实际，《立法法》规定对于城乡建设与管理、环境保护、历史文化保护等方面的事项，地方可以根据各地具体情况制定地方性法规或规章，城乡建设与管理包括城乡规划、市政管理、基础设施建设等；环境保护的范围包括大气、海洋、水、土地、森林、矿藏、草原、湿地、野生动物、自然遗迹、人文遗迹等；历史文化包括名城、名镇、街道、建筑等。

再次，有利于地方政治和社会主体协作交流，促使和谐社会建设。基于民主立法、科学立法要求，且立法本身涉及较多方面，立法活动除立法机关参与外理应包含社会利益团体、专家学者以及公民的共同参与。地方相对于中央而言，无论从面积还是人口都不及中央立法的广度和宽度，其人口和面积的相对有限性便于聚集各群体参与地方立法活动，这就让地方立法活动成了一个调解、协商平台，成为地方人大及其常委会、地方政府、地方党委以及地方主要社会团体、公民共同参与的活动。而且，地方立法的制定活动能够为公众参与立法提供通道，是实现参与式民主和微观民主政治的有效路径。

最后，促使法治中国建设。中国要彻底摆脱传统中落后的、阻碍现代化建设的人治理念，真正建成现代法治国家，就要求从源头——立法活动中体现法治精神，因为立法是一切法制活动的开端。"严格执法、公正司法、全民守法"要求立法机关科学立法，科学立法是法治社会存在的前提和基础。我国中央和地方两级立法体制表明促进法治中国建设，不仅要求中央立法，而且地方也应根据各自特色制定符合地方实际的法律。地方立法主体的职权和职责范围是广泛的，对于需要以立法形式解决的问题、调整的关系，地方立法主体都可以以立法形式予以解决、调整。

第四节　地方立法的类型

一、地方性法规

我国的地方性法规在法律体系中起着重大作用，它是中国特色社会主义法律体系的重要组成部分，是对中央立法的重要补充。地方性法规有广义和狭义之分，广义上的地方性法规是相对法律、行政法规等全国性立法而言的，即特定的地方国家机关根据法律的规定，依据一定的程序，运用一定的技术，制定、修改、废止、补充效力不超出本行政区域的地方性法规和地方政府规章，包括省级人大及其常委会制定的地方性法规、自治区和自治州制定并报相应人大常委会批准的自治条例和单行条例、设区的市的人大及其常委会制定的地方性法规以及省级人民政府和设区的市的人民政府制定的政府规章。狭义的地方性法规是相对政府规章而言，即依法享有立法权的人大及其常委会制定的地方性法规、自治条例和单行条例，又分为一般的地方性法规和特殊的地方性法规。一般的地方性法规是指地方有关国家权力机关，依法制定和变动效力及于本行政区域的规范性法律文件，特殊的地方性法规是指地方有关国家权力机关，依法制定和变动效力及于本行政领域的自治性法律文件和特区性法律文件（包括特别行政区立法和经济特区的授权立法产生的规范性法律文件）。[1]

---

[1]　参见徐波："地方性法规立法中存在的问题及对策研究"，黑龙江大学 2009 年硕士学位论文。

（一）地方性法规存在的正当性

第一，由我国的国家结构决定。我国是单一制的社会主义国家，同这种国家结构相适应，《宪法》和《立法法》规定我国立法体制采取两级立法体制，既体现了中央统一领导，又充分发挥地方的主动性、积极性。第二，符合地方立法实施性要求。我国疆域广阔，民族和人口众多，各地经济、文化、社会发展很不平衡，地理环境和自然资源分布状况也不一致，地方立法只有具体化上位法的规定，才能使上位法在情况各异的地方得以有效实施。第三，有利于解决地方性事务。对于地方特有的地方性事务，中央不必也不可能制定法律或者行政法规加以调整，有的即使在法律或者行政法规中有所涉及，也只能是原则性规定，难以满足地方的实际需要，地方性法规就是以法律的形式着重调整地方社会关系，解决地方问题。第四，弥补中央立法缺陷。各地经济、文化、社会发展存在较大差异，应当由中央立法解决的问题往往不能及时解决，如果这些问题在某些地方已经成为亟待通过法律的形式予以解决的问题，那地方就不能坐等时机的成熟、经验的积累以及其他条件的具备等情况下中央法律的出台。因此，可以由地方对这些问题先行立法，积累经验、等待时机、创造其他必要条件，为中央立法做好准备。[1]

（二）地方性法规的特点

地方性法规作为地方立法的组成部分，作为法的渊源之一，其除了具有法律的共同特点外，还具有其自身的特性：

第一，从属性。地方性法规的从属性可以分为两个方面：一方面，从位阶上看，地方性法规是法律、行政法规的下位法，制定地方性法规不能同宪法、法律和行政法规相抵触；另一方面，从立法权限上看，地方性法规可以作出规定的事项是为执行法律、行政法规的事项、地方性事务以及全国人大及其常委会专属立法权、绝对保留事项之外尚未立法的事项。对于中央专属立法权以外的，中央尚未立法的事项，地方人大和常委会可以先行制定地方性法规，但是当国家制定法律或行政法规后，地方性法规的内容与之相抵触

---

〔1〕 参见徐波："地方性法规立法中存在的问题及对策研究"，黑龙江大学 2009 年硕士学位论文。

的部分无效，地方性法规亦应随之进行修改或废止。

第二，地方性。立法主体具有地方性，为地方权力机关；内容具有地方性，为规定地方的实际情况，解决地方事务的法规；效力具有地方性，只限于本行政区域，超出本行政区域即无效，不具约束力。

第三，试验性和先行性。对于一些新事物，中央尚未制定、留有"空白"的部分，如果在某地方处于极其紧迫、需要立法予以调整的状态时，地方可以先行立法，走在中央立法的前面，为中央立法积累经验，等地方立法达到成熟状态时，中央可以在该经验立场上进行立法，用以保证中央立法的科学性和权威性。

（三）地方性法规的形态

依据《立法法》规定，地方性法规的形态可分为三类：第一类是执行性的地方性法规，指为了执行法律和行政法规的地方性法规，该类法规的目的是把中央立法（包括法律和行政法规）的抽象规范在各地区进行细致规定，具有执行性；第二类是处理地方固有事务的地方性法规，地方事务是指应由地方而不是由中央来处理的事务，又称为地方自治事务，处理这类地方事务可以由地方自行制定地方性法规；第三类是替代上位法的地方性法规，根据当地实际情况需要由地方性法规作具体规定的事项，如果不是属于立法绝对保留的事项，当中央尚未制定法律时，地方可以制定地方性法规，以填补上位法的空缺，但当法律或者行政法规出台后，该地方性法规与之抵触的部分无效，该地方性法规应根据法律或行政法规规定及时进行修改或废止。

（四）地方性法规与其他地方性法律规范的异同

1. 一般的地方性法规与自治条例、单行条例的异同

我国地方性法规是指地方国家权力机关制定、修改、废止和补充的效力高于政府规章的地方性法规、自治条例和单行条例。自治条例和单行条例属于特殊的地方性法规。

两者之间的不同点包括：第一，一般的地方性法规具有较强的从属性；自治条例和单行条例虽不得违背法律、行政法规的原则和精神，但它可对法律、行政法规的某些规定进行变通，因此其从属性较弱。第二，省、自治区、

直辖市的人民代表大会及其常务委员会有权制定地方性法规；自治区、自治州和自治县的人民代表大会有权制定自治条例和单行条例，自治州、自治县的人大及其常委会均无权制定地方性法规。自治区人民代表大会既可以制定地方性法规，也可以制定自治条例和单行条例，但行使变通权只能通过制定自治条例和单行条例来实现。第三，省、自治区、直辖市的人大及其常委会制定的地方性法规，报全国人民代表大会常务委员会和国务院备案；设区的市、自治州的人大及其常委会制定的地方性法规，由省、自治区的人民代表大会常务委员会报全国人民代表大会常务委员会和国务院备案；自治区的自治条例和单行条例，报全国人民代表大会常务委员会批准后生效；自治州、自治县的自治条例和单行条例，报省、自治区、直辖市的人民代表大会常务委员会批准后生效；自治州、自治县的人大制定的自治条例和单行条例，由省、自治区、直辖市的人民代表大会常务委员会报全国人民代表大会常务委员会和国务院备案。

2. 地方性法规与地方政府规章的异同

一方面，地方性法规与地方政府规章是中国特色社会主义法律体系的重要组成部分，两者是地方国家权力机关与政府机关关系在立法上的体现。一般来讲，地方国家权力机关处于主导、支配的地位，地方性法规通过政府规章得以更好地贯彻执行，地方性法规是地方民主的反映，地方规章是执行地方民主的产物。[1]

另一方面，两者又存在一些区别。第一，地方性法规的制定属于立法系统，其行为是国家立法权在地方的体现，是在与宪法、法律、行政法规不相抵触的前提下对地方意志的一种表达；地方政府规章的制定属于行政系统，其行为属于抽象行政行为，是在宪法、法律、行政法规和地方性法规基础上对地方意志的体现。第二，地方性法规只要不和上位法相抵触就可以据该地实际情况制定调整此地社会关系的准则；地方政府规章必须在上位法有规定

---

〔1〕 参见徐静琳、刘力铭："地方性法规与政府规章关系论"，载《政治与法律》2008 年第 1 期。

的情形下才能制定。[1] 第三，地方国家权力机关的基本职责是决定本行政区域内政治、经济、文化等方面的重要事项；地方国家行政机关的基本职能是管理本行政区域各方面的工作。第四，在行政诉讼中，地方性法规是法院审理案件的"依据"；政府规章是审理案件的"参照"。

二、地方政府规章

地方政府规章是指省、自治区、直辖市人民政府以及省、自治区、直辖市人民政府所在地的市、经济特区所在地的市和设区的市的人民政府，根据法律、行政法规所制定的规章。

（一）地方政府规章的发展历程

地方政府规章并非与生俱来，而是随着改革开放的发展才得以出现并发展。新中国成立之初，我国处于无规章概念阶段，1954 年《宪法》规定全国人民代表大会是行使国家立法权的唯一机关，法律是唯一的立法文件形式。当时，我国对于地方行政立法的规定比较模糊，对于地方人民政府制定的规范性文件没有关于名称的统一规定，或采用"法令"或采用"条例"等称谓。到 1982 年，《宪法》第 90 条第 2 款规定："各部、各委员会根据法律和国务院的行政法规、决定和命令，在本部门的权限内，发布命令、指示和规章。"自此，"规章"作为一个立法术语才首次出现在我国的正式法律文件当中，但此时，《宪法》中的"规章"仅限于中央政府。地方政府正式具备政府规章制定权要追溯到 1982 年《地方组织法》，其中，第 35 条第 1 款规定："省、自治区、直辖市以及省、自治区的人民政府所在地的市和经国务院批准的较大的市的人民政府，还可以根据法律和国务院的行政法规，制定规章"，此款第一次明确赋予了地方人民政府制定政府规章的权力。此后，1995 年修订的《地方组织法》再一次明确地方政府享有制定政府规章的权限，第 60 条规定，省、自治区、直辖市的人民政府可以根据法律、行政法规和本省、自治区、直辖市的地方性法规，制定规章，……省、自治区的人民政府所在地

---

〔1〕《立法法》第 82 条第 1 款：省、自治区、直辖市和设区的市、自治州的人民政府，可以根据法律、行政法规和本省、自治区、直辖市的地方性法规，制定规章。

的市和经国务院批准的较大的市的人民政府，可以根据法律、行政法规和本省、自治区的地方性法规，制定规章。2000 年制定的《立法法》又进一步明确了政府规章的法律地位，第 2 条规定，地方政府规章的制定、修改和废止依照立法法的有关规定执行；第 73 条规定，省、自治区、直辖市和较大的市的人民政府，可以根据法律、行政法规和本省、自治区、直辖市的地方性法规，制定规章；并在第 2 款规定地方政府规章可以就下列事项作出规定：（1）为执行法律、行政法规、地方性法规的规定需要制定规章的事项；（2）属于本行政区域的具体行政管理事项。2015 年《立法法》修改，扩大了地方政府的立法权享有主体，同时缩小了地方政府立法范围，第 82 条规定省、自治区、直辖市和设区的市、自治州的人民政府，可以根据法律、行政法规和本省、自治区、直辖市的地方性法规，制定规章。地方政府规章可以就下列事项作出规定：（1）为执行法律、行政法规、地方性法规的规定需要制定规章的事项；（2）属于本行政区域的具体行政管理事项。设区的市、自治州的人民政府根据本条第一款、第二款制定地方政府规章，限于城乡建设与管理、环境保护、历史文化保护等方面的事项。

（二）地方政府规章的制定主体

我国地方政府规章的制定主体有三个层次。第一层主体是省、自治区、直辖市的人民政府，除我国香港、澳门、台湾地区外，我国这一层次的地方政府规章制定主体有 31 个；第二层主体为设区的市人民政府；第三层主体为全国人民代表大会常务委员会授权的经济特区所在地的市人民政府。

（三）地方政府规章的特点

在我国多级、分权的立法体制中，地方性法规与地方政府规章一道构成了广义上的地方立法概念。相对于中央立法而言，地方性是地方政府规章最大的特点，具体包括：

第一，具有从属性。在我国政治体制中，地方政府具有双重属性，既是同级人大的执行机关，又是地方各级行政机关，在工作上既要对本级人大负责也要服从上级人民政府的领导，这决定了地方政府规章在法律效力和立法权限两方面具有从属性。在法律效力方面，地方政府制定的政府规章不仅从属于法律、行政法规、本省地方性法规和本市地方性法规，而且也从属于上级政府的规章。在立法权限方面，"省、自治区、直辖市和设区的市、自治州的人民政府，可以根据法律、行政法规和本省、自治区、直辖市的地方性法规，制定规章"，即"根据"作为制定政府规章应遵循的原则，要求地方政府规章要有法律、行政法规和省、自治区、直辖市的地方性法规上的依据，依据如果不存在，政府规章即不具备合法性要件。

第二，具有相对独立性。明确地方政府规章的从属性，并不意味着政府规章没有独立性。其独立性表现在，一方面，地方政府规章是国家立法体系中必不可少的组成部分，其在不与上位法抵触的情况下，对于本行政区内的具体情况进行规章立法，可以发挥一定的创造性，而不完全是上位法的简单复制。另一方面，地方政府规章拥有部分专属的立法管辖权，对于与其他行政区域无关而只涉及本行政区域的事务或本行政区域特有的事务具有专属的规章制定权限。

第三，法律位阶具有多样性。具体表现为：（1）处于我国法律位阶体系的最下层，仅高于其他规范性法律文件；（2）与国务院各部、委员会等制定的部门规章具有同等效力，都在各自的权限范围内施行；（3）下级地方人民政府制定的政府规章的效力在本行政区域内低于上级地方人民政府制定的政府规章；（4）对于设区的市的地方性法规与省、自治区政府规章的位阶关系上，《立法法》第 72 条第 3 款规定，"省、自治区的人民代表大会常务委员会在对报请批准的设区的市的地方性法规进行审查时，发现其同本省、自治区的人民政府的规章相抵触的，应当作出处理决定"，结合该条第 2 款的规定，"设区的市的人民代表大会及其常务委员会根据本市的具体情况和实际需要，在不同宪法、法律、行政法规和本省、自治区的地方性法规相抵触的前提下，可以对城乡建设与管理、环境保护、历史文化保护等方面的事项制定地方性法规，法律对设区的市制定地方性法规的事项另有规定的，从其规定。设区的市的地方性法规须报省、自治区的人民代表大会常务委员会批准后施行。省、自治区的人民代表大会常务委员会对报请批准的地方性法规，应当对其合法性进行审查，同宪法、法律、行政法规和本省、自治区的地方性法规不抵触的，应当在四个月内予以批准"。由此推出，设区的市的地方性法规和省、自治区政府规章相抵触时，并不构成合法性问题。

（四）地方政府规章的作用

第一，有利于上位法的具体施行。宪法、法律、行政法规作为中央立法，需统观全国情况，具有根本性和全局性特点，内容宏观、抽象、不便操作，但我国各地的人文地理、实际情况与经济发展水平等却存在较大的地区差异，需要有针对性解决的地方问题众多，地方政府规章能够因地制宜，有的放矢。

第二，对上位法起着补充、完善的作用。由于国家立法需统观全国情况，立法所需的准备时间较长，以至国家立法数量有限，在某些行政管理领域不可避免地存在空白与缺位，同时由于其制定程序复杂、更具权威性等原因，不宜根据实际情况的变化随时进行补充与修改，于是，地方政府规章起到弥补中央立法不足，拾遗补缺的作用。

第三，先试先行的作用。地方政府规章作为国家法律体系的一部分，其作用是不容忽视的，在没有上位法规定的情况下，地方政府可以对属于本行政区域的具体行政管理事项制定规章，待地方立法施行一段时间以后，国家立法机关可以总结其经验，制定更为成熟、完备的法律法规。

第二章　地方立法体制与权限

第一节　我国地方立法体制

一、立法体制的概念

关于立法体制的概念，学界存在着不同的观点。目前关于立法体制这一概念，较有影响的观点包括以下四种：一是立法体制就是指立法权限划分体系和制度；[1]二是立法体制包括立法主体的组织体系和立法权限的划分制度；[2]三是立法体制是有关立法权限、立法运行和立法权载体诸方面体系和制度的有机整体，核心是有关立法权限的体系和制度；[3]四是立法体制包括参与立法活动的主体具有什么影响立法的手段，在立法过程中如何运行的制度。[4]从上述观点来看，立法体制是指宪法和法律对立法主体的立法权限划分而形成的体制。立法体制的特点包括：

第一，来源为宪法和法律。《宪法》规定："中央和地方的国家机构职权的划分，遵循在中央的统一领导下，充分发挥地方的主动性、积极性的原则。"根据这条原则，《宪法》《地方组织法》《立法法》确定了我国的立法体制，即为"一元、两级、多层次"的立法体制。

---

〔1〕　孙琬钟主编：《立法学教程》，中国法制出版社1990年版，第70页。
〔2〕　张根大、方德明、祁九如：《立法学总论》，法律出版社1991年版，第112页。
〔3〕　周旺生：《立法论》，北京大学出版社1994年版，第146页。
〔4〕　郭道晖主编：《当代中国立法》，中国民主法制出版社1998年版，第764页。

第二，核心为立法权的划分。立法权限指有立法权的主体制定、修改、废止和解释各种规范性法律文件的权限，认可各种法律规范的权限以及所制定、修改、废止、解释、认可的规范性法律文件的适用范围。简言之，即立法权应当如何具体操作。[1]

第三，类型随标准的不同而不同。根据立法主体是否存在中央和地方等级关系可分为一级立法体制和多级立法体制；根据一个立法主体在行使立法权时是否受到另一立法主体的牵制可以分为独立型的立法体制和制衡型的立法体制；根据立法权是否高度集中可以分为集权型立法体制和分权型立法体制；根据立法体制是否由同一机关来行使可以分为单一立法体制和复合立法体制；根据立法体制是否以民主原则为基础可以分为民主立法体制和专制立法体制。[2]

二、立法体制的基本模式及其制约因素

一国的国体和政体制约该国的立法体制。一国的立法体制，既包括同级国家权力机关和国家行政机关在横向结构上对立法权限的划分，也包括中央和地方的国家机关在纵向结构上对立法权限的划分。[3]根据各国宪法和法律对政体的规定，依据三权分立原则，横向立法权限的划分从理论上可分为立法机关优越模式、行政机关优越模式、三机关平行制约模式三种模式。英国由于实行"议会至上"原则被视为是立法机关优越模式，行政机关优越模式的典型国家为法国，由于美国宪法赋予立法机关立法权、司法机关在审判案件时享有法律适用与否的决定权以及总统否决立法权三权之间相互制约、平衡，被视为属于三机关平行制约模式。

根据各国宪法和法律对国家结构形式的规定，纵向立法权限从理论上可以分为以下四种模式：

---

〔1〕 参见阮荣祥主编：《地方立法的理论与实践》，社会科学文献出版社 2008 年版，第 18 页。

〔2〕 参见刘莘主编：《立法法》，北京大学出版社 2008 年版，第 107 页。对相关类型进行适当举例说明，一级立法体制是指立法权只能由中央机关行使，其他地方机关均无立法权的体制；制衡型的立法体制如美国，国会立法既受总统否决权的制约又受最高法院一定立法权的制约；集权型立法体制如奴隶制和封建制社会的立法体制，分权型立法体制如资本主义和社会主义的立法体制；单一立法体制如立法权由中央和地方的议会行使或者由一个中央机关行使或者由皇帝行使。

〔3〕 参见阮荣祥主编：《地方立法的理论与实践》，社会科学文献出版社 2008 年版，第 18 页。

（1）中央完全集权的模式。这种模式是指在一个国家，一切立法权为中央所有，地方政权没有自己的立法权。一些单一制国家，特别是较小的单一制国家，多采取此种模式。

（2）集权—分权的模式。这种模式是指一个国家，国家的权力来自中央，立法权主要由中央行使，地方在法律、法规有明确规定的情况下享有立法权。单一制国家多采取此种模式。

（3）分权—集权的模式。这种模式是指在一个国家中，立法权分别由中央和地方共同行使；中央在法律明确规定的范围内行使立法权，剩余权力归属地方，立法权主要由地方行使。联邦制国家均属于此种模式，例如美国。

（4）地方完全分权的模式。即国家作为一个政治整体，中央无任何立法权，一切立法权归属地方政权所有，但地方政府所立之法只在本地适用。在实践中，这种情况极为罕见，一般认为，只有在国家被割据并且名存实亡的条件下，才可能出现这种模式的现实形态。

三、我国地方立法体制的问题与完善

我国地域辽阔，人口众多，各地政治、经济、文化发展不平衡，且由于历史、文化传统的影响，我国在单一制国家结构下还实行一国两制制度、民族区域自治制度、特别行政区制度。针对这一国情，现行地方立法体制即"一元、两级、多层次"模式能够充分保障中央和地方合理分配处理事务的权限和解决国内矛盾的权限。这一立法体制虽具有原则性和灵活性特点，但随着法治化进程的加快，一些固有问题的解决仍迫在眉睫。如何妥善处理现存问题已经成为我国立法体制完善的重中之重，只有不断解决地方立法体制存在的缺陷，更好维护法制统一，才能真正实现法治中国建设。

（一）地方立法冲突的问题

地方立法冲突是指地方立法主体在立法工作中，违反立法规律或超越地方法权限，或者违反法律的规定，造成所制定的规范性法律文件与上位阶法抵触或与相关的同位阶法相矛盾的情形。[1]我国的《宪法》《立法法》等虽

---

〔1〕 吴鹏飞："地方立法冲突的成因及其治理措施"，载《科技广场》2006年第12期。

对各立法主体的职权和立法权限以及法律、法规等规范性法律文件的制定依据和效力等级作了明确的规定，但这些规定仍与实际情况存在差异，主要是因为：

首先，立法权限划分不清。我国实行"一元、两级、多层次"的立法体制，立法主体多元，在中央，全国人大及其常委会、国务院以及各部委可以立法，在地方，省、自治区、直辖市、设区的市人大及其常委会和政府可以立法。对于中央非绝对保留事项或者对于同一事项诸多立法主体均有立法权时，法律之间的冲突不可避免。另外，由于哪些事项应由地方人大或常委会规定，哪些事项应由地方政府以规章形式规定法律未给予明确的规定，以致地方人大在立法时常处于不知所措状态，既怕立法管得太宽，限制地方行政机关的行政权，又怕管得太少，不当扩张政府的管辖权。

其次，过分关注地方利益。GDP 的高低衡量着一个地方经济水平。为了提高当地经济水平，当地立法机关不惜利用立法形式实行地方保护，一些地方和部门甚至为了地方利益或部门利益，通过立法方式争夺管理权、处罚权和收费权。[1]

再次，忽视立法时效性要求。一部法律的出台有其时间约束，或早或晚立法都是不适当的立法行为。对于地方应立之法未及时制定，对于应当根据地方实际情况修改或废止的法律，地方又未及时给予修改或者废止，这都是地方不适当立法的体现。

最后，监督机制不足。《立法法》规定，"设区的市的地方性法规须报省、自治区的人民代表大会常务委员会批准后施行""自治州、自治县的自治条例和单行条例，报省、自治区、直辖市的人民代表大会常务委员会批准后生效""自治区的自治条例和单行条例，报全国人民代表大会常务委员会批准后生效。自治州、自治县的自治条例和单行条例，报省、自治区、直辖市的人民代表大会常务委员会批准后生效"。但实践中，"批准"变成了"备案"，立法监督权虚置无力；同时法院对法律的约束力也极为渺小，仅在行政诉讼中可一并审理规章以下的其他规范性文件的合法性。

（二）地方特色的问题

我国地域辽阔、人口众多，不同的民族文化、民族习惯需要不同于全国

---

〔1〕 参见阮荣祥主编：《地方立法的理论与实践》，社会科学文献出版社 2008 年版，第 32～34 页。

统一实施的法律制度；不同的地理、气候需要适用不同的法律规范解决这些特殊事务；特定地区的特定政治、经济、文化背景要求地方立法机关享有自主性立法权以处理地方特殊矛盾。[1]面对各地各具特色的实际情况，地方在中央完成立法的前提之下，还应根据当地实际制定极具地方特色的立法，以确保中央立法在各地的实施。地方性是地方立法的精髓和灵魂，没有地方性的地方立法根本不能称之为地方立法。

遗憾的是，我国许多地方的地方立法缺乏地方性这一灵魂性要件，部分地方立法是为了立法而立法，部分立法是为了与其他省份比立法数量的多寡而进行的立法，另外多数立法仅仅是对上位法或其他省市类似地方性法规和规章进行简单组合或抄袭而形成的法律。立法的重复性已经成为地方立法的重要问题。其主要原因可归因于地方立法主体的立法水平不一，地方规范性法律文件的立法质量良莠不齐，经济发达的城市其立法水平和质量高于欠发达城市，其立法人才的引入强于欠发达区域。

（三）地方立法配置不平衡的问题

地方立法配置不平衡是指地方立法机关和地方政府在立法权限的划分和分配上不符合各自的立法目的、职能，以至于出现立法不平衡情况。在我国，地方人大在不与宪法、法律、行政法规相抵触的情况下，享有与职权范围相吻合的广泛的立法权，而地方政府必须依据法律、行政法规和本省、自治区、直辖市的地方性法规制定政府规章，且其调整范围仅限于行政管理方面。很明显，地方人大和地方政府在立法职能、目的、权限等方面存在差异，地方人大立法是为了调整地方立法关系，解决地方纠纷，其制定权仅受不违反上位法的限制，但地方政府的权限却相对受到限制，其立法与其行政管辖权密切相关。地方人大的立法权广于、宽于地方政府是其题中之义。

但实践中，地方政府的立法权却明显出现宽于、广于地方人大立法权的趋势，主要是因为权限配置不明确。虽然从理论上地方立法机关的立法权应广于地方政府立法权，但《宪法》《地方组织法》《立法法》只是原则性地授

---

[1]　参见周伟："论我国地方立法存在的问题及其解决"，载《河南财经政法大学学报》2013年第2期。

予了地方立法机关和地方行政机关制定地方性法规和规章的权力，但纵观法条全文，都没有对地方立法可以在什么事项上立法、什么事项上应由地方人大立法而不能由地方政府立法以及地方政府的立法权限范围等进行规定，致使地方法规和地方规章在经济、文化、教育等领域的立法权有着交叉竞合。

这就要求地方立法：

第一，端正立法态度。我国立法体制虽然一直呈现中央统一立法的趋势，但是地方仍然拥有一定程度的立法权，这是我国立法体制的全面体现；虽然从理论上立法权应归属于立法机关，但是在我国，部分行政机关在处理行政事务时同样享有"立法权"，其制定的规章也是我国法律体系的重要组成部分，甚至占据立法数量的大多数。地方立法作为我国立法的一大块，在我国地方管理事务、处理纠纷等方面起到重要作用。但是，我国某些地方立法呈现的却是"量多质差"的局面。一部分原因是因为地方立法机关并没有正确认识法律的作用、立法的真正意义，某些地方立法机关是为了立法而立法，某些地方是受利益驱使而立法，地方立法的负效应日渐凸显。这就要求地方立法机关必须端正立法态度：地方立法不是用来搞地方保护主义的，更不是地方立法机关的强制性立法任务，它是中央赋予地方用以自行处理地方事务的一种方式，地方应当按照法的价值的要求，通过立法维护秩序、解决纠纷、保障人权、提高效率。只有端正立法目的，才能解决地方立法存在的问题，制定出地方立法的"良法"。

第二，强化立法专业性。地方性法规、政府规章的制定、修改、补充、废止不仅要求立法工作人员遵守程序安排、及时开展立法活动，同时也要求立法工作人员拥有丰富的法律知识、较高的立法技术、良好的法律素养，实现"科学立法"。立法是一门科学，也是一门技术活，它对立法工作人员的要求甚高，没有较好立法知识和技术的人员很难制定出高质量的法律。为此，地方立法机关应当提高该地立法工作人员的专业素质，这一专业素质既包括法律素养也包括某一专业领域的知识储备。如何强化立法专业化的方法具体包括：首先，引进立法人才，近几年宪法学和行政法学的博士、硕士毕业生越来越多，许多博士、硕士毕业生在就读期间已跟随导师或老师参与过一些立法工作，拥有一定立法经验；其次，组织立法工作人员进行业务学习和研讨、参加立法座谈会等，及时更新法律知识，不断补充法律观点，快速了解前沿理论动态；最后，地方立法时可以成立专家组或者有关系的人员组，特别是在一些存在理论难点和技术难题的立法上，专家可以提供该领域的专业知识，帮助立法机关快速弥补该方面知识空白，迅速进入角色；有关系的人员组是指该立法与这部分人员存在直接影响或直接利害关系，听取他们的意见也可以帮助立法工作人员了解该领域存在的主要问题。地方立法时甚至可以采取学者立法的方式，也就是由有声望的法学学者组成法学专家组，由他们进行调研，起草法律草案，再由立法工作人员审议、探讨、修改。

第三，强化立法监督。我国的立法监督主体存在多元性，同时立法监督制度也存在多样性特点。在立法监督主体方面，不仅全国人大及其常委会，还包括国务院、地方人大及其常务委员会、省级政府等都享有立法监督权；在立法监督制度方面，我国的监督制度包括立法批准制度、立法备案制度以及立法撤销制度。从理论上说，丰富的立法监督主体加全面的监督制度完全能够保障地方立法满足合法性、合理性、科学性等要求。但实践中，我国的地方立法监督名存实亡，所以，一方面，必须保证现存的立法监督制度发挥积极的监督作用；另一方面，既可以给予监督主体否决立法出台的权力或者设立专门的立法监督委员会，也可以对监督主体以严格的责任承担以督促其履行职责。

第二节 我国地方立法权限

一、确定地方立法权限的意义

第一，确定地方立法权限是法治国家的需要。

由于政治、经济、文化和社会等各方面管理和统治的需要，国家权力通常是按照某种分工或分权原则被授予不同的机关，这些机关在横向层面上通常包括立法机关、行政机关和司法机关等，在纵向序列上通常包括中央国家机关和地方国家机关等。从立法系统的角度看，由于实行法治是现代国家奉行的原则和追求的目标之一，因此，为了满足各个领域实现法律调控的需要，立法活动常常会突破一个机关或部门的范畴，以致出现议会立法、行政立法和司法立法等横向层面上的立法现象，以及中央立法与地方立法等纵向序列上的立法现象。在这个立体的立法系统中，要想使各自的立法行为获得合法性，并在此基础上具有更多的自由度，就不能不解决立法权限的划分问题。美国法学家伯德纳·施瓦茨在谈到授权立法时说："如果在授权法中没有规定任何标准制约委托之权，行政机关等于拿到了一张空白支票，它可以在授权的领域里任意制定法律。"[1]

因此，国家中的任何立法主体拟制定有关法律，都会涉及立法权限的有无以及立法权限的性质、范围、目的和方式等问题。洛克认为，立法权虽然是一国最高权力，但是：其一，立法权不是也不可能是专断的权力。因为立法权是社会的各个成员交给作为立法者的那些人或议会行使的联合权力，它不能大于委托者曾享有的和委托给社会的权力。社会的各个成员把权力交给社会，目的就是为使自己的生命、财产获得更大保障。作为社会成员委托权而存在的立法权，对人民的生命和财产无论如何不应当是绝对的、专断的权力。其二，掌握立法权的机关，不能以临时专断的命令来统治，而应当以正式公布的有效的法来进行统治。这些法除了为人民谋福利这一最终目的外不应当再有其他目的。这样，一方面可以使人民知道他们的责任并在法的范围内得到安全和保障，另一方面也使统治者被限制在他们的适当范围之内，不至为他们手中的权力所诱惑而用这些权力来达到自己的目的。如果将立法权给予一人或少数人，又没有对他们的权力加以限制，使他们可以根据心血来潮或无人知晓、毫无拘束的意志而发布苛刻和放肆的命令，来迫使人们服从，那么人类就处在比自然状态还要坏得多的状况中。其三，立法机关也不能把立法权让给任何其他人，当人民发现立法行为与他们的委托相抵触时，人民仍享有最高权力来罢免或更换立法机关。可见，通过立法权限划分，分清中央与地方各立法主体的立法权限是十分必要的。[2]

第二，确定地方立法权限是衡量一个国家或政体是否实行民主制的标志之一。

〔1〕［美］伯德纳·施瓦茨：《行政法》，徐炳译，群众出版社1986年版，第33页。
〔2〕参见周英："我国地方立法权限研究"，中国政法大学2004年硕士学位论文。

世界上每个国家政权，无论何种体制，都对公民的生命、财产和工作行使权力。如果它们的权力没有限制，就必然会出现暴政。我国是实行人民代表大会制度的国家，一切权力属于人民，同时我国也是一个单一制国家，我国宪法和法律在保证中央统一立法的前提下赋予地方以一定范围的立法权，是我国社会主义民主的体现。列宁曾经指出："中央和地方都要彻底实行同样程度的民主制……这才是防止中央过分侵犯地方，破坏地方合法权利的惟一实际保证。"[1]我国地方立法必须从单一制国家法制性的实际出发，使法集中体现全体人民的意志和利益，同时也必须从各地自然地理、人文环境、经济状况以及个别地区共存不同制度的差异的实际出发，这样才能使法能够适应不同的需要并得到真正的贯彻实施。因为"如果法的规定不能在人们和他们的活动中，在社会关系中得到实现的话，那法就什么也不是"。实践证明，地方立法作为中央立法的补充和延伸，起到了不可替代的作用。可以说，确定地方立法权限范围是实现社会主义民主法治的重要内容，是国家立法得以全面实施的重要保证，也是我国社会主义市场经济发展的必然客观要求。

第三，确定地方立法权限是正确行使地方立法权的前提和保证。

使地方立法权严格限制在应有的范围内，确保地方立法主体既不越权，也不失职，就要求地方立法主体：其一，在自己享有特定级别或层次的立法权限范围内进行立法活动。只享有地方立法权的主体，就不能行使国家立法权。例如，不得先行涉足中央专属立法权的事项；其二，在自己享有特定种类的立法权范围内进行立法活动。例如，享有地方政府规章立法权的主体就不得行使地方国家权力机关的立法权；其三，根据自己有权采取的特定立法的形式进行立法活动。例如，只能制定地方性法规的主体就不能制定国家法律；其四，根据自己所行使的立法权的完整性、独立性进行立法活动。例如，只能在特定主体授权条件下才能制定某些法的主体，便不能未经授权就制定该种法，所制定的法须经特定主体批准才能生效的，便不能不经批准就独自宣布该法生效；其五，根据自己的职权所能调整和应当调整的事项进行立法

---

〔1〕　中共中央马克思恩格斯列宁斯大林著作编译局编：《列宁全集》（第13卷），人民出版社1987年版，第316页。

活动。例如，只能就一般事项享有立法权的主体，便不能就重大事项立法。确定地方立法权限不仅对于保证地方立法主体正确行使地方立法权，而且对于坚持和维护法制的统一性，乃至对于我国社会主义市场经济建设的建立和发展都具有十分重要的意义。[1]

二、地方立法权限的基本规定

立法权限，是由有立法权的主体制定、修改、废止、解释各种规范性文件的权限，认可各种法律规范的权限和所制定、修改、废止、解释和认可的规范性法律文件的适用范围。在某种意义上，一个国家中央与地方之间的立法权限划分与立法权关系建构，是实现国家纵向权限划分的前提性环节和外在表现形式，是形成和演绎各种中央与地方关系的基础，也是中央与地方利益争执和冲突的焦点。

（一）法律对地方立法权的限制规定

首先，《立法法》对地方立法调整对象的有限制性规定。《立法法》第8条列举了十一项只能制定法律的事项，专属立法权所列的事项，法规不能规定；而不属专属立法权的事项，在没有制定法律前，原则上法规可以先规定，不需要授权。该条规定确立了全国人大及其常委会立法在我国法律体系中的基础和核心地位，也界定了我国地方立法权限的基调。为此，《立法法》第73条第2款又援引了该条的规定，"除本法第八条规定的事项外，其他事项国家尚未制定法律或者行政法规的，省、自治区、直辖市和设区的市、自治州根据本地方的具体情况和实际需要，可以先制定地方性法规"，重申这些领域的事务地方性法规不得加以调整。其次，相关法律对地方立法的调整手段有限制性规定。此类规定以《中华人民共和国行政处罚法》（以下简称《行政处罚法》）、《中华人民共和国行政许可法》（以下简称《行政许可法》）以及《中华人民共和国行政强制法》（以下简称《行政强制法》）等法律的规定最为典型。

三部法律分别从源头上对地方性法规向行政机关赋予行政处罚权、行政许可权和行政强制权的种类、内容作了限制。列举内容可归纳为：一是将特

---

[1] 参见周英："我国地方立法权限研究"，中国政法大学2004年硕士学位论文。

定种类的行政权力作为法律保留，只能由法律设定。如《行政处罚法》规定，限制公民人身自由等处罚只能由法律设定；二是地方立法对行政权的内容（如条件、幅度、范围等）作出具体规定时，不得超越法律、行政法规已有的规定；三是禁止地方性法规创设新形式和新种类的行政权。这些规定延续了《立法法》"严格限制地方立法权限，确保法制统一"的指导思想。[1]

表1　相关法律对地方性法规规定法律调整手段的限制性规定[2]

	地方性法规可以设定	地方性法规不得设定	其他限制性规定
行政处罚法	警告、罚款、没收违法所得、没收非法财物、责令停产停业、暂扣或者代销许可证、暂扣企业营业执照（第8条）	1. 法律、行政法规规定的其他行政处罚（第8条） 2. 限制人身自由、吊销企业营业执照（第11条）	法律、行政法规对违法行为已经做出行政处罚规定的，地方性法规需要做出具体规定的，必须在法律、行政法规规定的给予行政处罚的行为、种类和幅度的范围内规定（第11条）
行政许可法	本法第十二条所列事项，尚未制定法律、行政法规的，地方性法规可以设定行政许可（第15条）	1. 法律、行政法规可以设定行政许可的其他事项［第12条第（六）项］ 2. 地方性法规不得设定应当由国家统一确定的公民、法人或者其他组织的资格、资质的行政许可（第15条） 3. 不得设定企业或者其他组织的设立登记及其前置性行政许可（第15条） 4. 行政机关根据法律、行政法规的规定，对直接关系公共安全、人身健康、生命财产安全的重要设备、设施进行定期检验……（第62条第2款）	1. 设定的行政许可，不得限制其他地区的个人或者企业到本地区从事生产经营和提供服务，不得限制其他地区的商品进入本地区市场（第15条第2款） 2. 法规、规章对实施上位法设定的行政许可作出的具体规定，不得增设行政许可；对行政许可条件作出的具体规定，不得增设违反上位法的其他条件（第16条）

---

［1］　参见向立力："地方立法发展的权限困境与出路试探"，载《政治与法律》2015年第1期。
［2］　参见向立力："地方立法发展的权限困境与出路试探"，载《政治与法律》2015年第1期。

续表

	地方性法规可以设定	地方性法规不得设定	其他限制性规定
行政强制法	尚未制定法律、行政法规，且属于地方性事务的，地方性法规可以设定查封场所、设施或者财物、扣押财物（第9、10条）	1. 限制公民人身自由，冻结存款、汇款，其他行政强制措施（第9、10条） 2. 行政强制执行由法律设定（第13条）	1. 法律对行政强制措施的对象、条件、种类作了规定的，地方性法规不得作出扩大规定（第11条） 2. 法律中未规定行政强制措施的，地方性法规不得设定行政强制措施（第11条）

表2　相关法律对地方政府规章规定法律调整手段的限制性规定

	地方政府规章可以设定	其他限制性规定
行政处罚法	警告、一定数量罚款（第12条）	省、自治区、直辖市人民政府和省、自治区人民政府所在地的市人民政府以及经国务院批准的较大的市人民政府制定的规章可以在法律、法规规定的给予行政处罚的行为、种类和幅度的范围内做出具体规定（第13条）
行政许可法	1. 本法第十二条所列事项，尚未制定法律、行政法规和地方性法规的，因行政管理的需要，确需立即实施行政许可的，省、自治区、直辖市人民政府规章可以设定临时性的行政许可（第15条） 2. 规章可以在上位法设定的行政许可事项范围内，对实施该行政许可作出具体规定（第16条第3款）	1. 设定的行政许可，不得限制其他地区的个人或者企业到本地区从事生产经营和提供服务，不得限制其他地区的商品进入本地区市场（第15条） 2. 法规、规章对实施上位法设定的行政许可做出的具体规定，不得增设行政许可；对行政许可条件作出的具体规定，不得增设违反上位法的其他条件（第16条）
行政强制法	无	法律、法规以外的其他规范性文件不得设定行政强制措施（第10条）

（二）法律对地方有限立法权的授权规定

《立法法》第73条对地方性法规可以调整的事项给予授权，一般认为，这是地方立法权限的直接法律依据。该条第 1 款规定："地方性法规可以就下列事项作出规定：（一）为执行法律、行政法规的规定，需要根据本行政区域的实际情况作具体规定的事项；（二）属于地方性事务需要制定地方性法规的事项。"第 2 款规定："除本法第八条规定的事项外，其他事项国家尚未制定法律或者行政法规的，省、自治区、直辖市和设区的市、自治州根据本地方的具体情况和实际需要，可以先制定地方性法规。在国家制定的法律或者行政法规生效后，地方性法规同法律或者行政法规相抵触的规定无效，制定机关应当及时予以修改或者废止。"

三、对我国地方立法权限的评价

我国给予省、自治区、直辖市、设区的市人大及其常委会，省、自治区、直辖市、设区的市政府，经济特区人大和政府立法权符合我国单一制国家需要，满足民众对立法的需求。

第一，地方立法权限是中央立法权的保证。明确划分中央立法权限与地方立法权限，可以使中央立法权得到保证。地方立法权在其权限范围内合理配合中央立法权，认真贯彻中央地方精神，有利于维护国家法制的统一和尊严、保证宪法与法律的实施与权威。

第二，地方立法权限是判断地方立法是否越权的依据，同时也是地方立法工作的依据。明确地方立法权，地方立法机关就可以找准自己的位置，大胆、充分地发挥地方立法权应有的作用，保证宪法、法律、行政法规的实施，在法定的原则、范围、界限内，制定适合本地区的政治、经济、文化、民族习俗的规定。

第三，地方立法权限是对地方民主的有力促进。民众是否积极参与立法已经成为衡量地方是否民主的依据之一。立法领域的民主，是地方人民当家作主的体现，是我国民主建设的进一步发展。在地方立法中，地方立法的民主化必将促进社会主义民主的发展，提高立法效率，建立符合社会主义发展需要的比较完备的社会主义法律体系。

但是，在实践过程中，这一立法分权也存在一定问题。

首先，国家立法权遭到行政机关削弱。我国地域广阔，民族众多，各地在经济文化等方面存在较大差异，中央无法通过立法形式完全规范各地方事务，于是，地方分享一定的立法权成为必要。再加上，在我国，由于中央独揽了重要事项的专属立法权，全国人大及其常委会的工作量极大，但是我国各级人大的会议时间有限，虽然县级以上的人大设有由专职代表组成的人大常委会，但还是需要其他国家机关协助完成立法工作，为行政机关削弱中央立法权创造了条件。同时，由于《立法法》等法律并未具体明确人民代表大会（包括常务委员会）和政府在立法内容上的异同，有时地方人大在立法时会过多下放立法权，有时地方政府也会存在有意无意地制定理论上应当属于人大立法范围的内容。

其次，地方立法过于保守和被动。一方面，在我国立法权限划分中，地方立法的职权事项没有得到明确列举。虽然《立法法》确认，地方在不介入国家立法事项的基础上，有权就中央没有进行立法的事项先行立法，但《立法法》对国家专属立法权的规定却是开放式的，若一项事务有可能不属于纯粹的地方性事务，地方就无法确定是否需要全国人大及其常委会的授权才能对该事项进行规制。另一方面，地方立法"抵触"上位法的认定缺乏明确的标准，地方立法为防止存在"抵触"的问题，有的会直接照搬中央立法，有些会在借鉴上位法及其他地方立法成果时仅将相关的条款进行简单拼凑，有的甚至会直接复制上位法的体例和结构，地方立法存在严重抄袭现象。[1]

---

〔1〕 参见林若尘："中央与地方立法权限划分问题初探"，华南理工大学 2014 年硕士学位论文。

第三章　地方立法原则

第一节　地方立法原则的概念

地方立法原则，是指享有地方立法权的地方国家机关在进行立法活动时，应当遵循的基本立场和准则。

首先，地方立法的原则必须贯穿地方立法全过程，具有指导和制约全部地方立法活动的作用，即具有普遍的适用性。地方立法的基本原则不仅应当适用于不同类型的地方立法，而且应当适用于所有地方的不同性质的机关所进行的立法活动。其次，地方立法的原则不能脱离国家立法而单独存在，即具有相关性。凡承认或实行地方立法的国家，无论是否以及采用何种方式对国家与地方各自的立法事项、权限进行划分，都现实地存在着一个如何协调和处理国家立法与地方立法关系的问题。[1]因此，在判定地方立法应遵循的基本立场和准则时，就不能仅仅从地方立法的角度考虑，而应着眼于国家立法与地方立法两者之间的关系，使地方立法的基本原则既能确保国家的立法活动正常贯彻执行，使国家的立法具有高于地方立法的效力，又能使地方有立法的能力和可立法的事项。最后，地方立法的原则必须体现当地地方特色，即具有地方性。地方立法不仅仅是国家立法在地方的体现，同时也是根据地方实际情况对全国性立法具体化、细致化后的地方性法规；除此之外，对于

---

[1] 参见王广辉："论我国地方立法的基本原则"，载《法商研究（中南政法学院学报）》1996年第6期。

中央未保留事项，享有地方立法权的地方国家机关可以根据地方需要以及地方特色先行立法，成为中央立法的"试验石"。因此，地方立法除遵守立法应当遵守的一般原则外，还应遵循一些特殊的或者专有的、具有地方性的立法原则。

简言之，地方立法的原则作为指引地方立法活动的基本准则，既要充分把握与国家立法的关系；又要具有独特性，它是地方立法的灵魂，是地方立法的精神实质。

第二节 地方立法原则的功能

第一，指导功能。地方立法原则是从全局角度和宏观角度对地方立法要求和规范的高度抽象和概括，在本质上地方立法原则反映了地方立法的性质、内容和价值取向。地方立法原则从整体上对地方立法、执法、司法、释法提供了明确的思想指导，对地方法制建设起到积极的指引作用。[1]

第二，约束功能。地方立法原则对立法、执法和司法都有约束力，地方立法原则对立法具体规范具有约束作用，即地方人大或政府在立法时，必须在地方立法原则框架下，不能违背基本原则而进行立法活动；地方政府机关在执法时，如果遇到规范之间发生冲突或矛盾时，地方立法原则可以帮助执法机关找寻最合理、最适当的法律规则；法院在适用地方规范时，应衡量该规范是否与地方立法基本原则相冲突以决定是否适用该法律规则，同时应注意规范的地方性特点，合理适用。

第三，补充功能。社会关系的复杂性和反复多变性以及人类认识能力的有限性，决定了立法时不可能制定内容十分详尽又能适用于任何情形的法律规则，且法律规范具有稳定性，"法律不能朝令夕改"，不可避免地导致法律规则存在缺漏或者不适时甚至滞后的情况。法律的健全或完备只能是相对的，享有地方立法权的国家机关在立法时融入基本原则，使具有抽象性、高度概括性等特点的原则能更好起到"查缺补漏"的作用，并帮助用法者正确且深

---

〔1〕 参见周叶中主编：《宪法》，高等教育出版社2004年版，第91页。

入地认识规范制定的目的与价值，规范适用的一般性条件和依据。

　　根据《立法法》的规定，可以将我国地方立法原则概括为：（1）不抵触原则；（2）有特色原则；（3）可操作原则。

第三节　地方立法原则的基本内容

　　地方立法原则不仅应包含所有立法应包含的基本准则，同时，也应具有地方立法的专有的或者特殊的原则。《立法法》在总则部分规定了立法应当普遍适用的原则，包括：第一，"一个中心、五个坚持"原则。"立法应遵循宪法的基本原则，以经济建设为中心，坚持社会主义道路、坚持人民民主专政、坚持中国共产党的领导、坚持马克思列宁主义毛泽东思想邓小平理论，坚持改革开放。"第二，依法立法原则。"立法应当依照法定的权限和程序，从国家整体利益出发，维护社会主义法制的统一和尊严。"第三，民主立法原则。"立法应当体现人民的意志，发扬社会主义民主，坚持立法公开，保障人民通过多种途径参与立法活动。"第四，科学立法原则。"立法应当从实际出发，适应经济社会发展和全面深化改革的要求，科学合理地规定公民、法人和其他组织的权利与义务、国家机关的权力与责任。"由于地方立法的特殊地位，除坚持上述四项原则之外，还应坚持"不抵触、有特色、可操作"的地方立法特有原则。

　　（一）不抵触原则

　　不抵触是地方立法的基本前提，是地方立法的底线。不抵触原则又称维护法制统一的原则，在地方立法上是指地方立法不得与宪法、法律、行政法规相冲突、相违背，具体包括两方面内容：第一，地方立法不得与宪法、法律、行政法规的具体条文的内容相违背，即不得直接抵触；上位法已经作了明确、具体的规定，地方立法不得与上位法的规定不一致甚至相反，如上位法对违法行为作了行政处罚规定的，地方立法应在上位法规定的行为、种类、幅度范围内结合地方实际予以具体化，但不得突破上位法规定的行为、种类、幅度范围设定处罚，上位法没有对所涉及的行为进行处罚的，地方立法就不得设定处罚；同样，上位法规定地方立法无某项事务立法权的，地方立法机关就不能对该项事务进行立法。第二，不得与宪法、法律、行政法规的精神、原则相违背，即不得间接抵触。如果上位法对某一行为仅以"鼓励"方式进行规范，地方立法时就不能将其变为义务条款；又如中央立法对某项事务的惩罚性规定的目的是为了起到教育的效果，地方立法就不能在立法时忽视该立法精神或将该精神变为完全惩罚性质。不抵触原则在一定程度上实现了地方立法机关对中央立法的精神和内容的认识与理解，有利于防止法律在立法层面出现冲突甚至对立，有效维护了法制统一。

为保证宪法、法律、行政法规在本行政区域内的实施，地方立法机关必须依法立法，严格依法定权限和法定程序进行立法活动，不得越权，不得假借立法之名行扩权之实，不得实行地方保护主义。具体来说，省、自治区、直辖市的人大及其常委会制定的地方性法规不得同宪法、法律、行政法规相抵触，设区的市的人大及其常委会制定的地方性法规不得同宪法、法律、行政法规和本省、自治区、直辖市的地方性法规相抵触，地方政府规章不得同宪法、法律、行政法规和本省、自治区、直辖市的地方性法规相抵触，自治条例和单行条例不得违背法律和行政法规的基本原则，不得对宪法和民族区域自治法的规定以及其他有关法律、行政法规专门就民族自治地方所作的规定作出变通规定。除此之外，《立法法》还规定了相应的监督机制，包括批准制度、备案制度，等等，例如第 96 条规定地方性法规、自治条例和单行条例、规章有下列情形之一的，由有关机关予以改变或者撤销：（1）超越权限的；（2）下位法违反上位法规定的；（3）规章之间对同一事项的规定不一致，经裁决应当改变或者撤销一方的规定的；（4）规章的规定被认为不适当，应当予以改变或者撤销的；（5）违背法定程序的。

有学者认为，"不相抵触"就是指地方立法必须存在于中央有立法的前提下，也就是中央对某一事项未进行立法的，地方对该事项也无立法权，如果立法则违反了不抵触原则。由于我国幅员辽阔，人口众多，民族风俗、习惯各异，各地经济情况更是千差万别，如果所有立法都由中央规定后再及地方，一方面违反立法时效性要求，另一方面影响中央立法的全局性、全国普遍适用性特点，也不符合《宪法》和《立法法》的立法精神。从立法本意来讲，不抵触原则并不是要求地方立法的内容必须限于宪法、法律、行政法规的既有内容，而是鼓励地方立法机关在不与宪法、法律、行政法规的原则和精神相冲突的前提下，根据本地区的具体情况和实际需要，积极主动地运用立法调整社会关系，解决地方问题，这样才符合补充功能要求。

贯彻不抵触原则，需要处理好两个关系：第一，不抵触原则与立法创新的关系。地方立法体现的是对国家法律、行政法规的"拾遗补缺"。重点解决地方经济社会发展中无法可依的问题，在制定实施性立法时，要结合本地的实际，尽可能地增加一些具有前沿性、前瞻性的条款，先试先行，使国家法律、行政法规的原则性规定不仅能在本地区得到贯彻落实，而且是创造性的贯彻落实。第二，不抵触原则与防止照抄照搬的关系。坚持不抵触，并不意味着地方立法要照抄照搬上位法的具体规定。地方立法是对上位法的补充，地方立法不能、也不需要搞"大而全""小而全"的法律，地方立法机关既要防止"小法抄大法"，法繁扰民；又要防止"小法架空大法"，难以操作。[1]

（二）有特色原则

有特色原则，是指地方立法机关在立法时要体现地方特色，解决地方实际问题。地方立法之所以要体现地方特色，是由地方立法的特性所决定的。地方特色是地方立法存在的基础，是地方立法的生命和灵魂。没有地方特色，千篇一律，地方立法就会失去存在的意义和价值。我国地域辽阔，人口众多，各地政治、经济、文化发展不平衡，国家在制定法律、行政法规时，为了符合全国各地情况，注重立法存在的普遍性、一般性问题，在立法中往往对需要调整的事务规定得比较概括、原则和抽象，以便于在全国范围适用。但这种全国普遍适用的中央立法是不足以解决各地具体情况的，各地区仍需要地方立法来弥补中央立法的不足，解决各地特殊情况或特色问题。地方立法只有根据地方的具体和实际需要，针对解决地方改革、发展和稳定存在的问题，才能充分发挥地方立法应有的作用。

地方特色一般来说有三种情况，一是区域位置和资源的特色。主要是指具有特殊地域特点，自然和历史形成的，在全国范围没有普遍性，不需要、也不必由全国制定法律、行政法规来作出统一规定的，地方立法机关针对本

---

〔1〕　参见高绍林："地方立法的地位、特点和基本原则"，载《天津人大》2013 年第 9 期。

地特殊情况，自主地制定有地方特点的法律规范。二是本地区经济和社会发展的特色。由于各地经济和社会发展不同，造成省与省之间、地区与地区之间情况也不同。地方立法要坚持从差异出发，结合本地实际，有针对性地解决本地区经济和社会发展中的现实矛盾和焦点问题，进一步具体化国家法律、行政法规，突出地方特色。三是改革创新的特色。《立法法》赋予地方可以就国家专有立法权之外的事项先行立法，社会实践不断发展、创新，急需作为上层建筑之一的法律、法规来固定和维护改革、发展、创新的成果，在国家统一立法条件不够成熟的情况下，地方立法可以先行一步，为国家立法提供经验，发挥先试先行的作用。具体来说，地方特色原则应满足以下要求：首先是本地方的自然条件，包括自然资源、人口状况、地理位置等。它不仅构成该地方经济建设、社会发展的前提条件，直接影响和制约着工农业生产、科学、文化、教育、卫生等事业的发展程度和水平，而且决定着地方立法调整事项的范围。[1]享有地方立法权的机关在立法时，只有充分考虑本地方自然条件，趋利避害，才能最大程度发挥本地方的优势，制定出符合本地实际情况的法律。其次是本地区的经济情况，由于地理环境的差异以及国家政策的不同，我国各地方的经济发展程度和水平不平衡，在经济的布局、采取的措施、发展的重点等方面都各具特色。作为地方立法就是要以此特殊性为基准，确立具有本地方特色的经济关系运行准则，通过鼓励适合本地特色的经济关系及其运行准则，限制或禁止不符合本地特色的经济关系及其运行准则，来达到控制和调节本地方经济运行的目的。[2]最后是本地区的文化背景。一国两制、民族区域自治制度表现在地方立法上即为地方立法应重视本地方的宗教信仰、生活方式、风俗习惯、管理制度的不同。将地区文化特色融入当地立法活动，运用地方立法对当地优秀文化传统进行全面保护，使我国传统文化得以在现代社会发展、弘扬、蔓延。

地方立法在贯彻地方特色原则的过程中，需要避免三个错误倾向：第一，

---

〔1〕 参见王广辉："论我国地方立法的基本原则"，载《法商研究（中南政法学院学报）》1996年第6期。

〔2〕 参见王广辉："论我国地方立法的基本原则"，载《法商研究（中南政法学院学报）》1996年第6期。

防止本位主义。地方立法虽然可以先试先行，但有特色原则必须与不抵触原则相统一适用。仅仅满足有特色原则而不符合不抵触原则的要求，所立之法为违法之法，所以，地方立法在坚持从实际出发的原则时，既要从本地区的经济发展水平、民众的法制认识以及文化素养情况、社会实际状态等出发，又要从全国经济、政治、文化的大局着手，把二者尽可能好地结合起来，切忌在进行地方立法时，把从实际出发原则变为本位主义原则的代名词。[1]第二，防止相互抄袭。享有地方立法权的机关在借鉴其他省、自治区、设区的市的立法时，应避免任意抄袭，地方特色要求借鉴的法律、法规等规范性法律文件必须是符合本地实际情况需要的，应满足本地政治、经济、文化布局，同时不能将借鉴行为隐含地转变为抄袭行为。第三，防止盲目立法。享有地方立法权的机关要认识到，宪法和法律赋予地方立法权并不意味着地方在任何时候、任何情况下都必须运用这一权力，开展立法活动。虽然《立法法》赋予设区的市等地方立法权，但是鉴于各地政治、经济、文化发展的水平不同，实际需要进行立法的地方以及立法应包括的内容及立法程度都会存在着或多或少的差别。各个地方在什么情况下行使立法权，制定哪些在本行政区域内具有拘束力的规范性法律文件，一定要从本地政治、经济、文化等的实际发展程度出发，该立法的就立法，需要到什么程度就制定到什么程度，不能盲目立法。[2]

（三）可操作原则

可操作原则要求地方立法的内容在实践环节具有使用性，能够为执法机关、司法机关、守法主体所使用，确保各个地区能够有法可依。它主要包括两方面要求：第一，要求地方立法具体化、细致化。这既是新《立法法》"立法宜细不宜粗"理念的要求，也是地方立法的必然之意，"地方立法是中央立法的补充"。地方立法只有"宜细不宜粗"，更为细致、具体，才能使法律真正成为公民之法，公民才能更好地认识和理解立法目的，法才能真正为民所

────────────

〔1〕　参见马英娟："论地方立法的基本原则"，载《河北大学成人教育学院学报》2000年第4期。

〔2〕　参见王广辉："论我国地方立法的基本原则"，载《法商研究（中南政法学院学报）》1996年第6期。

知，为民所用。第二，要求地方立法便于操作，"易操作"是可操作原则的题中应有之义，一方面，与具体化、细致化相辅相成，只有规范本身细致、具体，才能便于理解，只有便于理解，才能便于使用与操作；另一方面，地方立法必须尽可能选择使社会和公民负担最小的手段和措施，最大限度降低守法成本和执法成本，保证地方立法不至于过多增加民众负担，能够真正落到实处。也就是说地方立法不仅要可操作，而且必须保证易操作。

保障地方立法可操作、易操作，必须满足：第一，注重调查研究。每一个立法项目，都要先列入调研计划，根据调查结果来判断是否列入审议计划。不是列入立法调研的项目就一定要立法，只有在经过调查研究，认为确实需要进行立法的才进入正式立法环节，否则该项目可能被否决，中途夭折。近几年，越来越多的地方人大都已制定地方立法制定规则、评估办法、议事规则，从中可以发现，针对立法活动一般分为以下四步：一是法规汇编。要把立法所涉及的上位法和相关法律、国务院部门规章、政府规章以及国务院及其相关部门、市委、市政府的相关政策文件汇编成册，这是地方立法的首要步骤。二是研究分析典型案例。把典型案例收集并进行整理，深入分析研究，从中找出立法的空白点、模糊点，清楚认识立法的缺陷，作为地方立法的着眼点和重点。三是统计资料研究。通过对座谈会、问卷等统计资料的分析研究，对社会存在问题进行宏观判断，以求更为明确该地方立法的难点和关键点。四是对拟设立制度、规范进行研究论证，论证其必要性、合法性、合理性、可行性。[1]第二，要注重程序性规范。"迟来的正义非正义"，为了避免"迟来的正义"的存在，必须在立法时实现实体正义和程序正义的统一，特别要对程序进行细致、明确地规定，实现看得见的正义。第三，语言要清晰易懂。立法的民主性不仅要求公众通过座谈会、听证等形式参与立法活动，同时也要求立法机关所立之法能为民所懂、为民所用。如果所立之法居高临下，民众无法理解，甚至民众全然不知该法的存在，那就变成专制社会了。

在实施性立法中，原则上不必搞"三世同堂""四世同堂"式的实施办法，必须立法的一定要把握地方立法具体内容的合法性和合理性，作出具有

---

〔1〕 参见高绍林："地方立法的地位、特点和基本原则"，载《天津人大》2013 年第 9 期。

创新性的规范。[1]无论在制定实施性地方规范性法律文件还是在制定创制性地方法律文件时，包括在起草、论证、审议、修改的各个阶段，都必须全面了解本地区的实际情况，尽可能地增加一些具有超前性、创新性的条款，对法律、行政法规的规定加以具体化、完善化，才能使所制定的地方立法成为真真正正依据当地情况所制定的地方立法，在地方能够得以执行和遵守，具有可操作性。

---

[1]　参见阮荣祥主编：《地方立法的理论与实践》，社会科学文献出版社 2008 年版，第 11 页。

第四章　地方立法程序

第一节　地方立法程序概述

一、地方立法程序的概念和特征

立法程序是立法过程相对稳定的模式和主要阶段，是保证国家立法活动公正、理性、民主和科学进行的保障体系和运作机制。立法的程序化是法律形式主义运动的重要内容和必然产物。[1]现代意义的立法程序制度恰如始终在默默生长着的有生命力的树，尽管以不同的情况为土壤，以不同的历史传统和政治背景为气候，但它始终以程序为根，以立法为干。正是根与干的有机结合形成了具有适应性的立法程序轮廓。现代民主立法特别重视立法程序的设计和运用，在许多法治国家确立了"无程序即无立法"的原则。[2]地方立法程序作为立法程序的重要组成部分，是确保地方立法质量的基本保障，是提高地方立法机关工作效率和进行法制建设的必由之路，对立法程序的规范化、有序化起到了至关重要的作用。

对于立法程序的概念，学界意见不一，有学者认为，立法程序只包括提出法律草案、审议法律草案、通过法律、公布法律这四个阶段。[3]有学者认

---

〔1〕 黄立营："关于地方立法程序若干问题的思考"，载《淮北煤师院学报（社会科学版）》1996年第1期。

〔2〕 参见刘武俊："立法程序的法理分析"，载《中外法学》2000年第5期。

〔3〕 参见蔡定剑：《中国人民代表大会制度》，法律出版社1998年版，第301~302页。

为，立法程序就是有立法权的机关制定法律的工作程序，它除了包括提出、审议、通过、公布外还包括起草法律草案，共五个阶段。[1]还有学者认为，包括六个阶段，即制定立法规划、起草法律草案、提出法律议案、审议法律草案、通过法律草案、公布法律草案。[2]因此，地方立法程序是享有地方立法权的国家机关，在制定、认可、修改、补充和废止地方性法律文件的活动中，必须遵循的法定的步骤和程序。具体分为立法准备阶段、由法案到法的阶段、立法完善三个阶段，[3]按具体工作环节可将地方立法程序分为编制立法规划程序、起草法案程序、提出法案程序、审议法案程序、表决法案的程序、公布法规的程序等。不过，从《立法法》的内容来看，2000年全国人大制定的《立法法》规定全国人大常委会的立法程序包括提出法律案、审议法律案、表决法律案和公布法律。

地方立法程序既有全国性立法程序所拥有的特点，又有其独特的特点。地方立法程序的主要特征具体如下：

第一，地域性。地方程序的内容是适应地方的实际情况而设定的，是地方立法机关或享有地方规章制定权的行政机关专门为地方而制定的；地方程序因隶属于地方而具有地域性特征，地域性意味着该程序只能在本地区对应特定的社会活动中适用。也就是，地方立法程序是根据地方现实情况，专门为本地情况而制定的，并且只在该领域内适用的程序。

第二，局限性。局限性是由地方立法的地方性特点决定的。地方程序因隶属地方，其设定过程和内容必须服从法律和行政法规的限制。如果其本身属于法的性质，需将其限定在上位法的框架之内。在处理和全国性程序（全国性法律程序或法规程序）的关系中，地方程序应当被限定在全国性程序所许可的范围之内，不得和上位法相冲突或抵触。[4]

第三，自主性。一方面，我国地域辽阔，各地区情况比较复杂，越到基

---

〔1〕　参见孙琬钟主编：《立法学教程》，中国法制出版社1990年版，第138～141页。

〔2〕　参见李步云、汪永清主编：《中国立法的基本理论和制度》，中国法制出版社1998年版，第144页。

〔3〕　参见张文显主编：《法理学》，高等教育出版社2007年版，第228～229页。

〔4〕　参见黄捷："论地方程序的意义"，载《湖南师范大学社会科学学报》2015年第5期。

层，越具有当地特殊性，其人文地理、人事管理、政府机构设置的差异都要求地方立法程序具有一定的自主性。地方立法程序立足地方特点，既有必要，又有利于本地立法活动的有序发展。另一方面，《立法法》第 77 条规定，地方性法规案、自治条例和单行条例案的提出、审议和表决程序，根据中华人民共和国地方各级人民代表大会和地方各级人民政府组织法，参照本法第二章第二节、第三节、第五节的规定，由本级人民代表大会规定。

第四，科学性。良好的立法质量和高效的程序效率是科学的地方立法程序的应有之义。一般来说，程序的优越性也来自于它的确定性。一个确定的程序最大限度地降低不确定因素，使得处在程序内外的成员都能通过程序规范对于未来的事项进行一个合理的预期。地方立法程序对于进行到每个阶段的立法时间都有时间限制，不得随意扩张。时间规范也是一种效率规范，最低成本获得最大的立法效果，这也是地方立法程序所追求的。此外，地方立法由于所涉地域有限的特点，为方便民众，甚至是地方立法所需的某一领域的专家的参与，使得所立之法的内涵更具专业性和科学性，有利于科学立法、民主立法。

第五，次序性。地方立法程序是各立法步骤之间前后连贯而成的立法行为体系，所以，包括相关步骤之间的先后次序（包含立法程序步骤不断循环反复），立法程序步骤相互之间的先后次序不能互换。地方立法程序一般要经过立法准备阶段、由法案到法的阶段、立法完善等阶段，这三个阶段不能先后倒置，只有立法程序是合理的、公开的、透明的，才能保障所立之法符合合理性要求。

第六，时间性。立法是法制建设的开端，只有科学立法、适时出台，才能保证我们的现实生活有法可依、有法必依，所以，法律的出现都有一定的期限限制。地方立法程序是法定的，地方立法程序包括对立法活动在各程序步骤上所经历的时间的要求，对立法程序重要环节都有一定的期限限制。

二、地方立法程序的功能

地方立法程序的功能，主要是指作为一种制度化规范体系的地方立法程序，基于一定的价值立场与价值取向，由程序内在属性所产生的具体功用和效能。通过对地方立法程序具体、基本功能的明确，不仅能提高人们对地方立法程序重要性认识，而且还可以为地方立法程序的制度设置和运行提供各项重要的客观标准。一般而言，地方立法程序具有预防功能、过滤功能与合理分配职能三个方面的基本功能。

第一，预防功能。立法程序预防功能的实现关键在于科学设计地方立法程序，社会发展瞬息万变，法律难免会呈现出滞后性，科学的立法程序有利于在面对新的亟需调整的法律关系时临危不惧且有条不紊地保障法制的良性运行。"立法程序规则可以使立法行为产生一定程度的可预测性，减少立法过程中突发性事件发生的可能性，使复杂的立法活动呈现有序化的秩序状态。"[1]地方立法程序是对地方立法活动全过程的监督，地方立法程序从立法活动开启便一直存在，到法案的公布终止。地方立法程序的每一步都有其合理的制度限制，通过这个限制才能进行下一步骤，地方立法程序的步骤之间是不能错置的，具有严格的次序要求，制度的合理性为"良法"的产生提供了丰富的可能，最大限度地排除"恶法"的产生。完善的程序和良好的制度，对于克服地方立法所面临的现实问题、实现立法民主、有效遏制地方保护主义和部门利益起到不可或缺的作用。因此，一个完善的地方立法程序，为特定行政区域内法律制度的良性运行提供了重要保障。

第二，过滤功能。地方立法程序不仅表明一个地方的立法决策过程是否公正、民主和科学，而且是一个地方民主与法制建设水平和文明程度的重要标尺。合理、公正的立法程序能使立法任务得以快速圆满地完成，能够有效地避免立法的盲目性和随意性，对于地方立法过程中的民主化、科学化、规范化和合法化具有重要的保障作用。[2]地方立法过程中，通过立法过程的制度设计，如审次制度、听证制度、分组会议审议、代表表决意见等，每一个过程都是对初步成型的地方立法的一次选择，要么符合地方立法的程序标准，进行下一程序的选择；要么就会因为立法环境不成熟，或者不符合社会实际等原因而"夭折"在地方立法程序中。对法案的过滤过程及详细情况量化分

---

〔1〕　刘武俊："立法程序的法理分析"，载《渝州大学学报（社会科学版）》2002年第1期。
〔2〕　参见周实主编：《地方立法权限与立法程序研究》，东北大学出版社2011年版，第70页。

析，完善、细化"搁置审议、暂不付表决"等过滤机制，保障地方有权立法的机关能够科学、合理立法。

第三，合理分配职能的功能。立法权力的滥用实质上是对立法资源的变相侵占，地方立法机关应严格按照地方立法程序、标准对立法过程中的立法活动展开合理指导，并建立地方立法责任追究制度，立法冲突问题才能迎刃而解。没有限制的权力必然会导致权力的滥用，立法程序规范的存在就是对立法权的行使进行监督。相对于人的欲望和需求而言，社会资源是稀缺的，尤其是在同一个地方行政区域内，相同或者相似的社会资源受到来自利益群体的争夺就会越激烈，而地方立法的过程其实是一种对社会资源重新分配的过程，权威的公平的分配方案是社会和谐的根本，要想达到快速有效的分配，那么合理、公正的程序就是首选，不够公正合理的程序无法产生使人信服的结果、偏离民众对立法的预期、无法达到资源的合理分配。

第二节　地方性法规的制定程序

根据我国《立法法》的规定，地方性法规的制定程序一般包括地方性法规案的提出、地方性法规案的审议、地方性法规案的表决与地方性法规的公布这四个阶段。此外，对于设区的市制定的地方性法规以及民族自治地区立法机构制定的自治条例、单行条例等，还需要经过省级人大常务委员会的批准，才能有效施行。因此，对于某些特殊类型的地方性法规而言，批准程序也是其必经的立法制定程序。

一、提出地方性法规案

在立法学上，所谓提出法案，是指由拥有立法提案权的机关、组织和个人，依据法定程序向有权立法的机关提出关于制定、认可、修改、补充和废止规范性文件的提议和议事原型的专门活动。[1]相应的，地方性法规案的提出，是指具有地方立法提案权的主体，按照法定程序向地方立法机关提出制

---

〔1〕　参见周旺生主编:《立法学》，法律出版社 2000 年版，第 291 页。

定、修改或废止某项地方性法规的活动。有关地方性法规案提出的相关制度规范构成了地方立法提案制度。该制度具有重要的实践功能，一方面，地方立法提案制度具有甄别作用。某种程度上，地方性法规案的提出制度像一道具有过滤作用的入口，可保证进入审议阶段的地方性法规案和法规草案具有较好的质量；另一方面，有效的提案制度也可以方便人们通过相关机构、组织和个体代表合法地启动立法程序，使一些足够典型的诉求和公共意志有机会以地方性法规的形式得到表达。[1]整体而言，提出地方性法规案是地方立法制定程序的第一个重要环节，标志着地方性法规的立法正式进入法定程序。

立法议案的提出主要涉及三个方面的内容：一是提案权的行使主体；二是受案主体；三是立法案的提交以及修改和撤回。[2]地方性法规案的提出当然也涉及上述内容，除此之外，还包括提出的时限、材料、内容要求等。

（一）地方性法规案的提案主体与受案主体

地方立法的提案权是一项十分重要且郑重的权力，一般而言，其行使主体需要有国家宪法和法律的明确授权。地方性法规案的受案主体是地方性法规案的接收者，有地方立法权的主体一般都可以接收地方性法规案，但范围有所不同。在我国，根据《立法法》及《地方组织法》的规定，有地方性法规立法权的主体是人民代表大会和人民代表大会常务委员会，因此，其当然也是地方性法规案的受案主体。

根据我国《立法法》等相关法律、法规，地方性法规案的提案主体则因受案主体的不同而有所差别：

（1）有权向人民代表大会提出地方性法规案的主体有：人民代表大会主席团、人民代表大会常务委员会、人民代表大会各专门委员会、本级人民政府、代表团以及十名以上人民代表大会代表联名。

（2）有权向人民代表大会常务委员会提出地方性法规案的主体包括：人民代表大会常务委员会主任会议、人民代表大会各专门委员会、本级人民政府和人民代表大会常委会组成人员五名以上联名。

---

〔1〕　参见吴芳："我国立法提案程序中的利益表达机制研究"，载《理论导刊》2009 年第 7 期。
〔2〕　侯淑雯：《立法制度与技术原理》，中国工商出版社 2003 年版，第 174 页。

需要特别指出的是，在我国地方立法制度与实践中，曾有地方人大立法程序的规定中还规定了地方人民法院、地方人民检察院可以向地方立法机关提出地方性法规案的做法。[1]我们认为，这一做法是没有法律依据的。全国人大常委会于2000年12月28日发布的《全国人民代表大会常务委员会法制工作委员会关于地方人民法院、人民检察院能否提出地方性法规案的答复》明确指出，立法法规定："地方性法规案、自治条例和单行条例案的提出、审议和表决程序，根据中华人民共和国地方各级人民代表大会和地方各级人民政府组织法，参照本法第二章第二节、第三节、第五节的规定，由本级人民代表大会规定。"《地方组织法》关于提案主体的规定中没有人民法院、人民检察院，因为诉讼制度属于全国人大及其常委会的专属立法权，这方面的事项地方人民法院、人民检察院不需要提出地方性法规案。因此，它们不应作为提案主体。不过，我们也应当注意，虽然没有立法提案权，但地方人民法院、地方人民检察院可以向地方立法机关提出制定、修改、废止地方性法规的建议，这也是这两类机关参与地方性法规立法的重要方式。

（二）提出地方性法规案的时限

立法议案的提出一般有时间上的规定。从世界范围内来看，各国（地）原则上在整个的立法机关开会期间都可提出立法议案，但是，有些国家（地区）对议案的提出规定有明确的期限，如冰岛要求在会期开始后的8个星期内提出。[2]在我国当前地方立法制度与实践中，根据《立法法》以及一些地方人民代表大会及人大常委会立法条例的规定，提出地方性法规案一般有以下时限要求：

---

〔1〕 例如，2000年以前，上海市人大常委会制定的地方性法规程序的规定中曾规定市人民法院、市人民检察院可以提出地方性法规案。2000年在起草《上海市制定地方性法规条例草案》时，上海市人大常委会主任会议讨论地方立法程序时认为，《地方组织法》没有规定地方人民法院、人民检察院可以向本级人大及其常委会提出议案，但也没有规定不可以提出议案。考虑到地方法院、检察院可能就贯彻国家司法法律制度中的某些具体实施问题向市人大及其常委会提出地方立法案，且上海市过去通过的常委会制定的地方性法规程序的规定中曾规定两院可以提出地方性法规案。因此，拟在制定地方性法规条例草案中保留规定：市人民法院、市人民检察院可以向市人大及其常委会提出在市人大及其常委会职权范围内的地方性法规案。对此，上海市人大常委会还曾专门向全国人大常委会具文咨询。
〔2〕 参见黄文艺、杨亚非主编：《立法学》，吉林大学出版社2002年版，第120页。

（1）向地方人民代表大会提出地方性法规案的时限，分三种情况：其一，大会主席团提出地方性法规案，应在大会预备会议之后，其截止时间一般可以到主席团讨论通过大会各项决议、决定草案的会议之前。其二，地方人民代表大会常务委员会、本级人民政府、地方人民代表大会各专门委员会提出地方性法规案，一般截止到地方人民代表大会会议举行的一个月前。其三，代表团或者地方人民代表大会代表十人以上联名提出地方性法规案的，应当是从地方人大常委会作出召开地方人民代表大会会议决定之日前，至大会主席团决定的人民代表大会代表提出议案的截止时间。

（2）向地方人民代表大会常务委员会提出地方性法规案，一般应当在地方人大常委会会议举行的一个月前提出。但如果遇到有特殊情况，无法在这一时限内提出，也应当在地方人大常委会召开主任会议讨论常委会会议议程之前提出。

（三）地方性法规案的内容

提出地方性法规案，一般都有材料、内容上的要求。根据我国地方立法的制度与实践，就材料而言，提出的地方性法规案应当包括：提请审议地方性法规草案的议案、地方性法规草案、地方性法规草案的说明以及其他有关参阅资料或数据。此外，有的地方立法条例还规定，提案修改地方性法规的，提案人还应当提交修改前后的对照文本。就内容而言，提出的地方性法规案，应当属于受案主体立法职权范围内的事项。提案主体属于地方人民代表大会主席团、常务委员会、各专门委员会、常委会主任会议以及本级人民政府的，其提出的地方性法规案内容应当属于自身职权范围内的事项或者与自身有关的事项。另外，提案人提交的地方性法规草案的说明，应当包括制定或者修改该地方性法规的必要性、可行性和主要内容等。

（四）地方性法规案编入议程

立法议案提出后，不一定都能列入议程加以审议。许多国家规定，在将某一法案列入议程进行审议之前，应当先决定是否将该法案列入议程。决定法案是否列入议程的工作一般由立法机关的有关委员会或领导机构进行。对于地方性法规的立法程序而言，提案人提出地方性法规案后，受案主体应当按照法定程序决定是否将其列入立法会议议程。当前我国地方立法制度与实践中，根据受案主体不同，地方性法规案是否列入会议议程分别按如下程序进行：

（1）向地方人民代表大会提出的地方性法规案：①地方人民代表大会主席团提出的，直接列入会议议程；②地方人民代表大会常委会、各专门委员会和本级人民政府提出的，由大会主席团决定是否列入会议议程；③代表团或者十名以上代表联名提出的，由主席团决定是否列入会议议程，或者先交有关专门委员会审议、提出是否列入会议议程的意见，再决定是否列入会议议程。决定不列入会议议程的地方性法规案，按照有关人民代表大会议事规则的规定处理。实践中，地方人民代表大会会议期间，对人民代表大会代表联名提出的地方性法规案，一般都会先由有关专门委员会提出是否作为议案处理的意见。对符合议案要求的，作为议案处理。对不符合议案要求的，交由有关机关、组织研究办理，书面答复人民代表大会代表。

（2）向地方人民代表大会常务委员会提出的地方性法规案：①地方人民代表大会常委会主任会议提出的地方性法规案，直接列入议程；②地方人民代表大会专门委员会、本级人民政府提出的地方性法规案，由地方人民代表大会常务委员会主任会议决定是否列入议程，或者先交有关专门委员会审议、提出报告，再决定列入地方人大常委会会议议程，如果主任会议认为地方性法规案有重大问题需要进一步研究，可以建议提案人修改后再向常务委员会提出；③常务委员会组成人员五人以上联名，可以向常务委员会提出地方性法规案，由主任会议决定是否列入常务委员会会议议程，或者先交有关的专门委员会审议、提出是否列入会议议程的意见，再决定是否列入常务委员会会议议程。不列入常务委员会会议议程的，应当向常务委员会会议报告或者向提案人说明。

（五）地方性法规案的撤回

已经提交的地方性法规案，提案人很少有撤回的，但是若有特殊原因或理由，也允许提案人撤回地方性法规案。从比较法的角度看，撤回法案的情形一般包括：由于环境、情势变迁，原法案已失去意义，或不宜讨论通过，而将法案撤回；由于法案本身内容缺失，提案人认为需要对之进行补充、修正，而将法案撤回；由于法律或法案修改，需要对引用了这些修改条款的法案作出相应修改，而将法案撤回；由于立法时机不够成熟，提案人将法案撤回；等等。[1]

在我国地方立法制度与实践中，提案人撤回地方性法规案一般分为两种情况：①对于尚未列入地方人民代表大会会议议程或地方人大常委会会议议程的地方性法规案，提案人有权撤回，地方立法机关不再列入会议议程；②对于已经列入地方人民代表大会会议议程或者地方人大常委会会议议程的地方性法规案，在交付表决前，提案人也可以要求撤回，但提出撤回要求时，应当说明理由，经主任会议同意，并向常务委员会报告，提案人撤回后，对该地方性法规案的审议即行终止。

二、审议地方性法规案

地方性法规立法程序中的审议，是地方立法机关对地方性法规案在进行反复论证的基础上，决定其能否最终成为地方性法规的阶段。具体而言，是有权机关对审查列入会议议程的地方性法规案是否符合地方社会发展的需要，立法条件是否具备，地方性法规案是否合理、可行，与宪法、法律及行政法规等是否相抵触等一系列问题直接发表意见，进行可行性论证、修改、补充和完善的过程。审议的质量如何，直接关系着最后对地方性法规案的表决活动，关系着地方立法决策的科学性、民主性。

（一）地方性法规案审议程序的重要性

审议在地方立法程序中的地位非常重要。首先，人民代表大会及其常委会通过审议充分了解法规案的内容。按照《立法法》的规定，法规案列入议程和是否列入议程的权力由人民代表大会主席团或者人大常委会主任会议行使，被列入议程的法规案由人民代表大会或者常委会进行审议。通过审议程序，使人民代表大会或者常委会充分了解地方性法规案的内容，提出修改完善的审议意见。

其次，通过审议广泛听取各方面对地方性法规案的意见。人大代表都是

---

〔1〕　参见吴大英等：《比较立法制度》，群众出版社 1992 年版，第 457 页。

来自社会各界的精英人士，具有广泛的代表性。因此，他们在审议时的意见某种程度上可以反映社会各方面对地方性法规案的意见，有助于扩大地方性法规案的民主性。总而言之，通过审议，广泛地征求意见、吸收来自代表的各方意见，对地方性法规草案展开更为细致、精确、有针对性地修改，可以使地方性法规草案更能代表和反映最广大人民群众的意愿和要求。

再次，通过审议可以进一步完善地方性法规案的内容。地方性法规案提出之后并非就是完全成熟的、没有争议的。特别是由于地方性法规草案是由某一单独的部门提出时，其部门利益性会比较强，法律的专业性也不够。因此，通过地方人民代表大会或者常委会的审议，特别是经地方人民代表大会或者常委会第一次审议后由法制委员会根据各方面意见对地方性法规草案进行逐条审议和修改，可以提出更为专业和平衡各方利益诉求的地方性法规草案修改稿，提交地方人民代表大会或者常委会进一步审议。

最后，通过审议特别是审议过程中的辩论、讨论，可以使各方面意见逐步统一，有利于地方性法规案的表决通过，提高立法的效率。对地方性法规案的审议过程，是各方面意见交流、讨论、辩论，对地方性法规草案不断修改完善，各方面意见逐步趋于统一的过程。更为重要的是，在充分审议的基础上表决通过的地方性法规案，更有利于地方性法规的未来实施或落实。

（二）地方性法规案审议程序的具体内容

关于地方性法规案的审议程序，《立法法》主要从以下几个方面做了规定：一是要根据《地方组织法》的规定进行审议；二是可以参照法律案的审议程序；三是应当进行统一审议。其中，需要注意的内容主要是参照法律案的审议程序以及统一审议制度。对于地方性法规案的审议，其内容比较复杂，我们按照地方人民代表大会的审议以及地方人民代表大会常务委员会的审议两种类型予以介绍。此外，由于统一审议制度在地方性法规案审议程序中的重要性，我们将予以重点、单独介绍。

1. 地方人民代表大会的审议

地方人民代表大会审议地方性法规案，一般需要经过大会全体会议审议、专门委员会审议、代表团审议、法制委员会审议等几个审议阶段。

（1）地方人民代表大会全体会议审议。根据我国地方立法的制度与实践，对于列入地方人民代表大会会议议程的地方性法规案，由提案人在大会全体会议上作说明。地方人民代表大会全体会议在制定地方性法规中的主要任务，一是听取地方性法规案提案人对法规草案的说明，二是对地方性法规草案进行表决。

（2）专门委员会的审议。地方人民代表大会专门委员会是地方人民代表大会及其常委会行使职权不可缺少的重要组成部分。它的设立是地方事务管理日趋复杂化、专业化的结果，是加强立法机关与广大人民群众联系的需要，也是立法机关加强自身能力建设以有效行使权力的要求。根据《立法法》以及《地方组织法》的规定，地方人大法制委员会对地方性法规案进行统一审议，而其他专门委员会向地方人民代表大会提出审议意见。一般而言，列入地方人民代表大会会议议程的地方性法规案，由各专门委员会按照职责分工，对与其相关的地方性法规案进行审议，向主席团提出审议意见。专门委员会审议时可以邀请提案人列席会议并发表意见。

（3）代表团审议。地方人民代表大会全体会议听取地方性法规草案说明后，即进入由各代表团分别进行审议的阶段。各代表团审议一般分为两种形式：一是代表团全体会议审议，二是代表团小组会议审议。为了保证代表团全面了解法规案涉及的情况，更好地进行审议，《立法法》和各地立法条例一般都规定：代表团审议法规案时，提案人应当派人听取意见，回答询问；根据代表团的要求，有关机关、组织应当派人到会并介绍情况。此外，根据各代表团审议的情况，必要的时候，大会主席团常务主席可以召开各代表团团长会议，就法规案的重大问题，听取各代表团的审议意见并组织进行讨论，将讨论情况向大会主席团报告。主席团常务主席也可以就地方性法规案中重大的专门性问题，召集各代表团推选的有关代表进行讨论，并将讨论情况和意见向主席团报告。

（4）法制委员会的统一审议。统一审议制度是《立法法》规定的重要审议制度，是维护法制统一，保障立法公正，克服部门利益倾向的重要手段。就具体程序而言，在各代表团、有关专门委员会对地方性法规案进行审议的基础上，由法制委员会根据各代表团和有关专门委员会的审议意见，对法规案进行统一审议，向主席团提出修改情况的汇报和法规草案修改稿。法规草案修改稿经各代表团审议后，由法制委员会根据各代表团审议意见对法规草案修改稿再次审议修改，提出审议结果的报告和草案表决稿，由主席团提请大会表决。由于法制委员会的统一审议制度在地方立法程序特别是审议程序中具有重要作用，我们在后面还将重点介绍。

2. 地方人民代表大会常务委员会的审议

（1）审次制度。简单地讲，地方立法的审次制度主要是指一个地方性法规案经过地方立法机关几次审议予以通过的制度。审次制度的设置，主要是为了保证立法程序的民主、科学、效率，保证法规的质量。《立法法》规定全国人大常委会审议法律案一般实行三审制。同时，《立法法》也规定，地方立法的审议程序参照法律案的审议程序。因此，地方立法审次上一般都会参照法律案的审议实行二审制或三审制。这种以二审或三审制为基础的审次制度，既照顾到一些较为复杂的情况，也考虑到一些简单情况，是目前各省普遍采用的审次制度。

以广东省人大常委会审议新制定地方性法规案的审议程序为例，其采取的正是三审制。[1] 就具体程序及审议内容而言，一审程序的主要内容包括：召开常委会全体会议，听取提案人对立法的必要性、可行性、立法指导思想以及草案的主要内容作出的说明；听取有关专门委员会对地方性法规草案审议的意见等。显然，一审审议主要侧重于对地方性法规草案的必要性、可行性、合法性进行全面审议。特别是重点审议地方性法规草案调整对象是否符合地方立法权限、制度设计是否符合上位法规定、关键条款是否兼顾重点与一般、处罚是否适当等方面的内容。二审程序的内容包括：听取法制委员会关于草案修改情况的说明；召开常委会分组会议，对草案修改稿进行审议。二审审议侧重于对草案修改情况、有关问题报告及制度设计进行审议。重点在于地方性法规修改稿的合理性，即地方性法规草案修改稿的内容是否合适。审议时要看地方性法规草案的结构是否科学合理，基本内容是否符合法理，

---

[1] 相关内容可参见黄龙云主编：《广东地方立法实践与探索》，广东人民出版社 2015 年版，第 80～84 页。

是否满足经济社会发展的需要。三审程序的内容主要包括：召开常委会全体会议听取法制委员会关于草案审议结果的报告；召开常委会分组会议对草案修改二稿进行审议；由法制委员会根据常委会组成人员意见，对草案修改二稿作修改完善，提出草案表决稿；召开常委会主任会议，听取法制委员会对于草案修改二稿修改情况的说明；召开常委会分组会议，对草案表决稿进行审议；召开常委会全体会议，由到会常委会组成人员对草案表决稿进行无记名按键投票表决。显然，三审主要侧重于对草案审议结果、表决前评估的情况报告以及草案表决稿进行审议。

（2）审议方式。地方人大常委会审议地方性法规案的形式主要分为全体会议审议、分组会议审议和联组会议审议。这三种形式的审议在审议地方性法规案中的作用是不同的：全体会议听取关于地方性法规案的说明、关于地方性法规案的初步审查报告、修改情况报告和审议结果的报告等，并对地方性法规案进行表决；分组会议审议地方性法规案的具体内容，是常委会审议法规的基础；常委会审议地方性法规案时，根据需要，可以召开联组会议或者全体会议，对地方性法规草案中的主要问题或者有争议的问题进行讨论。联组会议审议是在分组会议审议的基础上对地方性法规案进行进一步审议，是在更大的范围内，让对地方性法规案有不同意见的常委会组成人员有一个直接交锋的机会。但是，目前各地人大常委会在审议地方性法规案时主要还是采用全体会议审议和分组会议审议的方式，较少采用联组会议形式。

（3）地方性法规案的审议终止与搁置。终止对地方性法规案的审议，是指对已经进入地方人大常委会会议审议程序的地方性法规案，在交付表决前，因法定原因结束对该法规案的审议。根据《立法法》的规定，对地方性法规案的终止审议的两种情形：一是提案人要求撤回法规案的，应当说明理由，经主任会议同意，并向常委会报告，对该法规案的审议即行终止；二是因各方面对制定的必要性、可行性等重大问题存在较大意见分歧搁置满两年的。后者因暂不付表决经过两年没有再次列入常务委员会会议议程审议的，由主任会议向常务委员会报告，则该地方性法规案终止审议。

地方性法规案的搁置，是指提请地方人大常委会审议的地方性法规草案尚不成熟，需要进一步研究立法的必要性、可行性，协调各种分歧意见，对草案进一步完善，致使地方性法规案不能在短期内提请常委会审议，从而使地方性法规案处于搁置状态。处于搁置状态的地方性法规案，通常会有三种不同情况：一是提案人向常委会提出地方性法规案后，常委会主任会议在决定是否列入议程时，认为地方性法规草案目前列入议程可能会引起不良的后果，决定待条件成熟时再列入议程，使地方性法规案处于搁置状态。二是法规草案经过常委会一次审议或者在二次甚至多次审议过程中，对立法的必要性、可行性等问题争议较大，需要进一步研究，常委会主任会议决定将该地方性法规草案交法制委员会或者其他有关专门委员会进一步研究，也可以交由常委会工作机构进一步研究，同时决定对该地方性法规草案暂不列入下一次常委会议程，使该法规案处于搁置状态。三是地方性法规草案经过常委会三次以上审议，仍有较大分歧意见，常委会主任会议决定暂不交付表决，使该地方性法规案处于搁置状态。地方性法规案在被搁置的法定期间内，地方性法规草案如果成熟了，常委会主任会议可以提请常委会继续审议或者直接表决。如果超过法定时限没有再次提请审议或者表决的，则对该法规草案终止审议。关于搁置的时限，各地方立法机关的规定不一，《立法法》规定全国人大常委会审议法律案搁置最长是两年，地方的立法条例绝大多数规定也是两年。

3. 地方性法规案的统一审议制度

（1）地方性法规案的统一审议制度的概念。地方性法规案的统一审议是指负责统一审议的机构（一般是地方人大的法制委员会），对提请审议的地方性法规草案进行统一把关，提出审议结果报告和草案修改稿的立法形式。整体上看，"统一审议"一般包括如下几方面含义：第一，统一审议是地方立法的必经程序。对于地方人大及其常委会审议地方性法规案的程序而言，统一审议程序是法定必经环节，不可逾越，缺少此环节就是程序违法。第二，统一审议的主体是专门负责统一审议职责的专门委员会。第三，统一审议机构应负责对法规案进行统一审议。统一审议应当根据各代表团或常委会组成人员和有关专门委员会的意见进行审议，既包括对代表和常委会委员的意见、有关委员会的意见以及其他各方面的意见进行统一审议，也包括对地方性法规草案条文进行全面的统一审议。第四，统一审议是为常委会在初步审议的基础上对法规草案作深入审议服务的，统一审议要提出审议结果的报告和草案修改稿，为常委会的深入审议提供抉择依据和方案。[1]

　　需要注意的是，法制委员会对地方性法规案的统一审议，是地方人民代表大会及其常委会立法审议权的一个组成部分，但它不能代替地方人民代表大会及其常委会对地方性法规案的审议。地方人民代表大会及其常委会对地方性法规案的审议，是完全意义上的立法机关行使立法权的审议，具有决定权和否决权，审议结果是通过或者否决法规案；而法制委员会的统一审议是属于工作层面的审议，审议结果是向人民代表大会及其常委会提出法规草案的修改稿、表决稿，以便于人民代表大会及其常委会对法规案进一步审议，从而通过或者否决地方性法规案。

　　根据我国《立法法》的规定，法制委员会统一审议向人民代表大会及其常委会提出的法规案，其他专门委员会就有关法规案提出审议意见。显而易见，法制委员会的统一审议离不开其他专门委员会的配合。其他专门委员会对与其相关的地方性法规案进行审议，提出审议意见。这些意见对于法制委员会统一审议来说，是十分重要的，因为其他专门委员会主要从可行性、合理性等专业的角度提出对法规草案的审议、修改意见，可以保证法规草案更加符合实际，更具有可操作性。

　　（2）地方性法规案统一审议制度的发展历程。对地方性法规案实行统一审议，是自《立法法》施行以来的一项新的审议制度。1982 年 12 月，第五届全国人大第五次会议通过的《中华人民共和国全国人民代表大会组织法》第 37 条规定："法律委员会统一审议向全国人民代表大会或者全国人民代表大会常务委员会提出的法律草案；其他专门委员会就有关法律草案向法律委员会提出意见。"这是法律首次将统一审议确定为一项法律制度。因此，所有的法律案都由法律委员会进行统一审议，这是全国人民代表大会及其常委会多年来立法实践中的一条成功经验，其对于保证国家法制的统一和立法质量，起到了极其重要的作用。

　　而对于地方立法机关而言，在 2000 年《立法法》施行以前，各地的做法

---

　　〔1〕　参见阮荣祥、赵沨主编：《地方立法的理论与实践》，社会科学文献出版社 2011 年版，第 249 ～ 250 页。

不同，一种是参照全国人民代表大会及其常委会的做法，规定了统一审议。一种是没有统一审议环节，由各有关专门委员会分别进行审议和修改。除此之外，还有另外一种做法，先由各有关专门委员会分别审议，但在交付表决前由法制委员会或者法制工作机构进行审议、修改。最终，在总结各地方性法规立法实践的基础上，2000 年通过的《立法法》第 68 条第 2 款规定："地方性法规草案由负责统一审议的机构提出审议结果的报告和草案修改稿。" 根据《立法法》的这一规定，地方性法规案必须要经过统一审议程序。

（3）统一审议的范围和重点。从功能上来看，地方性法规案的统一审议制度，是维护法制统一、保障立法公正、克服部门利益倾向的重要手段。在地方立法中实行统一审议制度的目的，主要是在于通过对地方性法规案的统一审议，消除地方性法规案与上位法的矛盾和冲突，增强与既有的相关立法之间的衔接，消除地方性法规案的技术性问题，维护法制的统一，全面提高地方立法的质量。

基于上述功能考虑，地方性法规案的统一审议应当有其比较特殊的审议范围与重点。从逻辑上而言，关于统一审议的范围和重点，可能使人产生两点困惑，一方面，究竟统一审议是研究地方性法规案的合法性，还是包括地方性法规案的合理性乃至方方面面？另一方面，统一审议的对象究竟是常委会审议意见，还是包括起草部门、各有关委员会等各方意见？我们认为，对于上述问题可以从如下方面分析展开：首先，统一审议应当不仅仅严格局限于合法性审查。统一审议制度创设的初衷就是为了保障法制统一，应当说合法性审议是统一审议的重点，但是合法性作为一种价值取向，在法规案涉及的具体条文当中，哪些是合法性问题，哪些是合理性问题，并非很容易就可予以甄别，因而不能过于严格地苛求统一审议只能限于合法性问题，事实上也很难做到这一点。依据《立法法》等法律的规定，统一审议地方性法规案的重点一般为：一是与宪法、法律、行政法规是否相抵触；二是在法律规定的框架内是否与本省其他法规相矛盾；三是权利与义务、权力与责任的设置是否科学。只有这样，统一审议才能既维护法制统一，又保证地方性法规的科学性、合理性。

其次，法制委员会与其他专门委员会审议、审查的重点必须明确区分。

法制委员会在兼顾地方性法规的科学性、合理性、可行性的基础上，应侧重审议法规草案的合法性、协调性和规范性。同时应负责对法规草案进行相应的立法技术处理，包括法规用语是否规范、条款项设置是否合理等。其他专门委员会则应侧重审议、审查法规草案的合理性，即立法的必要性、可行性和立法依据；法规草案的基本框架、体例结构和重要内容；法规草案的专业性问题，重点、难点等问题。这样的合理分工，有利于法制委员会和有关专门委员会明确各自在立法工作中的职责和任务，更好地发挥各自的资源优势，优势互补，共同做好立法工作。

最后，法制委员会进行统一审议，是综合各方面的意见，进行分析、比较、论证后形成集体审议意见的过程。因此，常委会对地方性法规草案的初审是法制委员会统一审议的基础；地方性法规案起草部门的意见、有关专门委员会的审查意见报告，以及立法听证会上提出的意见，都是法制委员会统一审议的对象和要素。

（4）审议结果。经过统一审议，法制委员会根据少数服从多数的原则，通过地方性法规草案修改稿或者表决稿，并向常委会提出审议结果的报告或者报告地方性法规草案的修改情况。

三、表决地方性法规案

地方性法规案的表决，是指地方立法机关对地方性法规案进行充分审议后，召开全体会议进行投票，决定法规案是否成为正式法规的立法活动。对地方性法规案进行表决，是有权的机关和人员对地方性法规案表示最终的、具有决定意义的表决者最后对法规案是赞成还是不赞成的态度，表决的结果直接关系到法规案究竟能否成为法规这样一个核心问题。

（一）表决形式及程序内容

从全世界各地历史及现实的立法实践看，表决方法多种多样。传统的方法包括：呼喊表决；鼓掌欢呼表决；掷球或作记号表决；列队表决；起立表决和点名表决。现代表决方式包括：举手表决、投票表决和按表决器表决。[1]整体

---

〔1〕　参见侯淑雯：《立法制度与技术原理》，中国工商出版社 2003 年版，第 177 ~ 178 页。

而言，表决形式一般有以下两种类型的划分：

1. 公开表决和秘密表决

在表决法案的过程中，不掩盖表决者所采取的态度，这种表决即为公开表决。公开表决又分为无记名公开表决和记名公开表决。无记名公开表决是指表决时，表决者所作出的赞成、反对、弃权的意思表示虽然为外界所知晓，但在表决记录中，只记录表决结果，而不公开议员或代表姓名的表决方式。无记名公开表决的具体方式很多，通常包括举手表决、起立表决、口头表决和记牌表决。记名表决则是指将议员或者代表的姓名及其所持有的赞成、反对或者弃权的表决态度同时记录下来的表决方式，通常包括唱名表决、记名投票表决、记名电子表决器表决等方式。秘密表决则是指表决者的意思表示不为外界所知晓的表决方式，具体包括无记名投票、不记名电子表决器表决等。鉴于秘密表决时表决者对法案的真实态度不为他人所知晓，因而更能反映表决结果的真实性，因此其民主性比公开表决更强。

2. 整体表决与逐步表决

整体表决和逐步表决也是立法机关表决法案的常用方式。所谓整体表决，就是由表决者对整个法案表示赞成、反对或弃权的态度。所谓逐步表决，是由表决者对法案逐条或逐章、逐节表示赞成、反对或弃权的态度，最后再就整个法案进行表决。"大多数国家通常采用整体表决的方式，只是在较少的情况下采用逐步表决的方式。有的国家则把整体表决和逐步表决都当作通常采用的表决方式。有的国家如比利时，则强调对法案只能采用逐步表决的方式。"[1]

目前，我国各地方立法机关表决地方性法规案时主要有以下一些实践做法：首先，表决前，会议主持人是否还需要征求出席人员发表意见，对这个问题有不同做法。但一般而言，由于表决前的审议阶段已经大范围征求过代表的意见，因此正式表决前一般不再征求出席人员发表意见。其次，表决前是否需要全文宣读法规草案，各地在实践中对于这一问题的做法也不尽相同。

---

〔1〕 周旺生主编：《立法学》，法律出版社2000年版，第317页。

有的不宣读，有的全文宣读，也有的对修改条款做些说明，没有固定的程序。总的来说，一般不规定表决前宣读法规全文。再次，对地方性法规案的表决方式，各地的规定不完全一致。有的地方规定，人民代表大会会议表决地方性法规案，由大会主席团决定表决方式；常委会表决地方性法规案，由主任会议决定表决方式。有的地方则规定，人民代表大会及其常委会表决地方性法规案，一律采取无记名投票表决方式。前者比较灵活，随意性也比较大。

整体而言，地方性法规草案修改稿经人民代表大会或常委会审议后，如果对重大问题没有比较大的分歧意见，则由主席团或者主任会议决定交付全体会议表决。根据《地方组织法》和《立法法》的规定，人民代表大会会议表决地方性法规草案，以全体代表的过半数通过；常委会会议表决地方性法规草案，以常委会全体组成人员的过半数通过。经过表决，地方性法规案如果获得法定数目以上人数的赞成，即为通过。

（二）重要条款单独表决

对地方性法规案的整体表决，由于立法人员只能笼统地表示赞成、反对或者弃权，不能具体地就某些具体问题、重要制度表达其真实意志，从而可能产生两种情况：一种是有的立法议员即使不赞成地方性法规案的个别条款，但为了保证整部地方性法规案的通过，只好投赞成票；一种是可能造成立法资源浪费，立法议员可能会把对个别条款的反对扩大到对整个地方性法规案的反对，从而拖延整部法规的出台。鉴于此，为了增强地方性法规的针对性和可执行性，可先由表决者对地方性法规案中分歧意见较大的重要条款先行表决，再就整个地方性法规案进行表决。显然，以相同规格对地方性法规案中的个别重要条款进行单独表决，将有利于提升立法的民主性和科学性，提高立法质量。对重要条款单独表决，可以使立法中的问题更加明确，审议的焦点更为集中，能够避免地方性法规案中因个别条款有争议而久拖不决，难以出台，可以提升立法效率。同时，通过对个别重要条款的单独表决，可以使立法议员对地方性法规案中的关键问题更加关注，研究得更为深刻与透彻。

中国共产党十八届四中全会通过的《中共中央关于全面推进依法治国若干重大问题的决定》明确提出，要"完善法律草案表决程序，对重要条款可以单独表决"。广东省人大常委会在具体推进此项改革中走在全国前列。为了贯彻这一精神，健全广东省地方立法审议和表决机制，提高立法质量，广东省人大常委会于 2014 年 11 月通过了《关于对法规案中个别重要条款单独表决的决定》，成为全国第一个对个别重要条款单独表决立法的地方立法机关。2015 年 1 月 13 日，广东省人大常委会首次实践对《广东省环境保护条例（修订草案表决稿）》第 19 条进行单独表决，共 54 人赞成，8 人弃权；紧接着，该法规修订草案表决稿表决获得通过。[1]

重要条款单独表决目前也已经得到一些地方性法规的明确规定。例如 2016 年修改的《广东省地方立法条例》第 58 条规定，地方性法规草案表决稿交付常务委员会会议表决前，主任会议根据常务委员会会议审议的情况，可以决定将个别意见分歧较大的重要条款提请常务委员会会议单独表决。单独表决的条款经常务委员会会议表决后，主任会议根据单独表决的情况，可以决定将法规草案表决稿交付表决，也可以决定暂不交付表决，交法制委员会和有关的专门委员会进一步审议。又如，2016 年修改的《西安市制定地方性法规条例》也规定了重要条款单独表决的内容。

四、公布地方性法规

地方性法规的公布，是指将地方立法会议表决通过的地方性法规按照法定程序及形式在公开渠道上予以正式颁布。从法律公布的历史起源看，它不仅是立法程序的内容，而且几乎是立法程序的唯一内容。自从开创了法律公开的时代，统治者可以省略其他步骤，唯独不会省略公布法律的步骤。[2]从当今世界范围看，现代各国制定的成文法一般以法律文本的公布为生效和施行的前提。任何一项法律如果不按照法定程序和法定形式予以公布，即使该项法案在立法会议上获表决通过，该法律对于人们的行为也不具有约束力，任何机构不得使用未经公布的法律文本处理社会纠纷，调整人们的行为和社会关系。[3]显然，这也是现代法治社会的基本法律原则之一。

地方性法规的公布是地方立法程序的必经阶段，其主要涉及公布地方性

---

〔1〕 参见黄龙云主编：《广东地方立法实践与探索》，广东人民出版社 2015 年版，第 89～90 页。
〔2〕 参见侯淑雯：《立法制度与技术原理》，中国工商出版社 2003 年版，第 180 页。
〔3〕 参见黄文艺、杨亚非主编：《立法学》，吉林大学出版社 2002 年版，第 139 页。

法规的主体、时间及载体，以及地方性法规的实施时间等内容。

1. 公布主体

一般而言，法律法规的制定主体也是其公布主体。根据我国《立法法》的规定，地方人民代表大会通过的地方性法规由地方人民代表大会主席团公告公布，地方人大常委会通过的地方性法规，由人大常委会公告公布，报请批准的地方性法规，还要注明何时经何机关批准。

2. 公布时间

世界范围公布法律的时间，有的国家规定要在批准后一个月内公布，如意大利，也有规定 10 天公布的。但大多数国家没有规定具体时间，一般是通过后即予以公布。如遇特殊情况则作别论。

3. 公布载体

地方性法规的公布载体是指公布地方性法规的公共媒体。根据我国《立法法》规定，地方性法规公布后，首先应当及时在本级人大常委会公报上刊登，并确定刊登于公报上的文本是标准文本。所谓"标准文本"，就是指如果各种地方性法规文本之间出现不一致的情况，以在人大常委会公报上刊登的文本为准。其次，地方性法规应同时在中国人大网、本地方人民代表大会网站上公布。在信息化时代，要求地方性法规在互联网网站上公布，显然将大大有利于社会各界更为及时、方便地获知地方性法规文本内容。最后，地方性法规还应及时在本行政区域内发行的报纸上刊登。比如，广东省人大制定的地方性法规都在指定媒体《南方日报》刊登省人大常委会公告及地方性法规文本。[1]

五、特殊地方性法规的批准

在有权机关公布其制定的规范性法律文件后，有时尚须履行某些特殊的批准程序作为一般立法程序的补充，这就是立法的批准程序或立法批准制度。立法批准制度是当今世界许多国家普遍采用的一种立法制度。实行这种制度，

---

〔1〕　参见黄龙云主编：《广东地方立法实践与探索》，广东人民出版社 2015 年版，第 91 页。

意味着相关立法主体所制定的法律、法规或其他规范性法律文件，须报请或送请其他立法主体审查定夺，由后者决定其能否成为正式有效的法律、法规或其他规范性法律文件。就立法批准的性质而言，目前学界比较主流的观点是，它既属于某些立法活动的一道程序，亦属于某些立法活动的一种监督形式，是兼具立法程序和立法监督两种性质的立法活动。[1]

我们认为，这一制度更多的属于监督性质，目的是为了维护法制统一，避免地方性法规与宪法、法律、上位阶法规相抵触，避免规范性法律文件之间发生效力冲突。当然，它也是某些特殊的地方性法规制定的必经程序，对于法律设定了批准程序的规范性法律文件而言，非经批准则不生效。在当代中国的立法制度与实践中，立法批准程序仅存在于较低层次的地方国家权力机关和民族自治地方自治机关的立法活动中，中央立法（不论是权力机关立法还是行政立法）和行政立法（不论是中央立法还是地方立法）皆无须批准。[2]具体来看，根据《立法法》以及相关法律、法规的规定，我国当前地方性法规立法中的批准程序主要有两种：

第一，设区的市地方性法规的批准。这是指设区的市人民代表大会及其常委会制定的地方性法规，需要报省级人民代表大会常务委员会同意后才能颁布生效和实施的制度与活动。我国《立法法》对设区的市地方性法规获得批准的条件予以规定，《立法法》第72条、第73条规定设区的市地方性法规获得批准的法定基本条件有两个：一是应当根据本行政区域的具体情况和实际需要制定；二是不同宪法、法律、行政法规和本省、自治区的地方性法规相抵触。前者属于地方立法的科学原则，后者属于地方立法的法治原则。

第二，民族自治地区立法机构制定的自治条例、单行条例的批准。根据《立法法》第75条的规定，自治州、自治县人民代表大会制定的自治条例、单行条例报省、自治区、直辖市的人民代表大会常务委员会批准后生效。对于民族自治地区的地方立法而言，立法批准程序作为一种特殊监督方式，在自治立法监督中确实存在一定的积极意义，主要表现在以下几方面：一是根

---

〔1〕 参见转引自周旺生："中国现行立法批准制度"，载《立法研究》第6卷。
〔2〕 参见朱继萍主编：《法学导论》，中国政法大学出版社2015年版，第135页。

据《宪法》和《中华人民共和国民族区域自治法》的规定，民族自治地方有权自主管理、安排地方财政和经济建设，自主管理人事、科技、教育、文化等事业，比起地方性法规的制定权，立法自治权是一种更大的地方自治权，行使这些权力政策性强，民族自治地方立法由全国人大常委会或省级人大常委会批准，更有利于把握这些界限。二是在保障法制统一性方面，严格自治法规的审查批准程序，有助于维护社会主义法制的统一与权威，因为民族自治地方享有对法律、行政法规的立法变通权，这也涉及法制的统一性问题。所以，在自治立法机关制定自治条例和单行条例时，需要事前加以监控，设立批准制度是行之有效的方法。三是在保障立法质量方面，出于对立法活动高度专业性、技术性等特点的考虑，立法活动需要站在全局利益上考虑问题，超出地方和局部利益的局限，批准程序是上级机关把握下级机关立法质量的有效措施，能够切实提高自治条例和单行条例的制定水平和立法质量。

六、地方性法规制定程序的问题及完善

（一）我国地方性法规案提出程序的问题与完善

从理论逻辑上来看，哪些机构和个人有权向地方人民代表大会及其常委会提出地方性法规案，这往往决定着民间的一定诉求能否通过地方立法上升为在特定行政区域内具有法律效力的地方性法规。根据《立法法》以及《地方组织法》等有关法律的规定，我国目前享有地方性法规提案权的主体是比较广泛的，常委会主任会议、本级政府、人大各专门委员会、代表团以及常委会组成人员5人以上联名、人大代表10人以上联名都可以提出议案。但是从各地方人大及其常委会多年来的立法实践看，地方性法规案几乎都是人大常委会主任会议、专门委员会和政府提出的，而且以政府提出的居多。因此，整体上而言，我国当前地方性法规案提出程序中最主要的问题是提案主体过于单一，不够多元化，不利于民意的充分表达。

综合来看，造成这种局面的主要原因有：第一，一些人大代表和常委会组成人员缺乏应有的法律专业素养；第二，地方性法规案的提出程序还不完善，没有建立相应的机制为人大代表和常委会组成人员行使立法提案权提供服务，使他们的立法意图能够通过法案的形式顺畅表达出来；第三，人大代

表和常委会组成人员大多为兼职，没有很多时间和精力来开展立法的准备工作，因而很难形成一个完整、明晰的立法意图。[1]

此外，地方性法规案的提出程序中还有一些技术性的问题没有得到明确或解决。例如，人大代表和常委会组成人员在闭会期间如何提出地方性法规案，地方性法规案提出以后如何处理，由什么样的机构处理，这些问题在很多地方立法的制度中都没有明确规定。人大代表是国家权力机关组成人员，代表人民的利益和意志行使职权。高度重视人大代表依法联名提出的立法议案，将符合法律要求的立法议案依法列入大会或者常委会的审议议程，既是坚持和完善人民代表大会制度的必然要求，也是发挥人大及其常委会立法主导作用的重要体现。由于我国人大代表构成的特点和对地方性法规案立案的要求，由代表提出议案并列入议程的十分少见。因此，改善人大代表参与立法的情况是地方人大常委会工作的一个重要课题。地方人大常委会有关工作机构和办事机构要为人大代表参与立法工作当好参谋助手、提供服务保障，在法规案的立项、起草、审议等各个环节认真研究并积极回应、吸收人大代表提出的意见和建议。特别是在提出地方性法规案的时候，要为代表做出具体的帮助，如帮助代表完成地方性法规草案的起草工作并指导代表依法按程序提交地方性法规案等。

（二）我国地方性法规案审议程序的问题与完善

就我国当前地方立法的制度与实践来看，在地方性法规案的审议方面存在的主要问题有：

1. 审次制度不健全

比如，对最高审次没有限制，对两次审议之间的时间间隔没有明确要求，可能影响立法的效率和质量。

2. 审议方式的形式化，审议的有效性有待提高

审议中特别是普通代表或委员的意见有时难以受到重视，正确的审议意

---

[1] 参见阮荣祥、赵泯主编：《地方立法的理论与实践》，社会科学文献出版社2011年版，第220页。

见难以被采纳，造成人大代表的审议动力不足、审议能力不高、审议时间不够等，某些人大的审议往往缺少足够的甚至是必要的辩论与交锋，而是流于领导讲话式的单向度交流。[1]

3. 统一审议制度不健全

《立法法》规定地方立法实行统一审议制度有利于对立法审议的集中和统一把关，但该制度仍有一些缺陷，比如，统一审议机构与其他机构在审议中的关系问题，统一审议机构成员的组成不够合理，统一审议的具体制度还需要完善等。[2]

关于完善地方立法审议制度，我们提出以下对策：

第一，完善审议的审次和时间。适当地确定某一地方性法规案的审次，既关系到保证审议质量，也关系到提高立法效率。一般而言，对于地方人民代表大会的审议，经一次审议即交付表决，特殊情况下可以进行第二次审议，这在立法实践中不存在多大问题。但地方人大常委会审议法案的审次较为复杂，需要认真对待。实践中人大常委会审议法案一般需经两次常委会会议审议，个别分歧较多或存在重大问题的法案要经过第三次审议，但以三次审议为限。而个别简单且争议不大的法案也可以只经一次审议。此时，确定法案审次的一般原则是：（1）新制定法规，一般实行两审制。初次审议中意见较为一致的，可在二审后同次会议交付表决；审议后问题多、修改量大的，宜在二审后下次会议交付表决。（2）修改地方性法规案，采用修订草案方式的，一般实行两审制；采用修正案草案方式的，视修改内容的多少和难度确定审次。（3）废止地方性法规案，一般均可由常委会一次审议后即交付表决。关于审议时间的把握，我们认为可明确规定：一个法规案从提请常委会会议初审之日开始计算，超过两年未交付表决的，审议即行终止；从上一次审议到下一次审议，间隔时间不少于两个月，但不得超过一年，超过一年的，提案人应当重新提出法案。

第二，改进和完善审议方式。地方权力机关立法过程中的审议方式通常

---

〔1〕　参见唐丰鹤：“略论我国立法审议程序的论辩维度”，载《法治研究》2011 年第 3 期。

〔2〕　参见王建华、杨树人：《地方立法制度研究》，四川人民出版社 2009 年版，第 92 页。

包括代表团审议、分组审议、联组会议审议和全体会议审议等。它们各有优势和不足，代表团审议和分组审议的优势在于讨论和交换意见比较充分，有助于提高审议的深度，不足在于审议人员范围狭窄，审议意见分散，不利于全面发现问题和解决问题。联组审议的优势在于审议问题较为集中，审议更为集中和具有针对性，其不足在于审议人员仍然有限，难以集思广益。全体会议审议的优势在于视野开阔，不同意见之间能广泛交流和相互启发、借鉴，但其不足是人数太多，不易组织，难以保证审议质量。因此，我们应该针对具体情况，灵活采用不同的审议方式，使不同审议方式能够做到优势互补。地方人民代表大会立法过程中，审议法案通常采用代表团审议方式，今后可以适当采用大会审议方式。大会审议可以采取代表团推荐代表发言的方式，也可以采取大会辩论的方式。只要组织得力，这种方式是可以充分发挥其积极作用而减少其负面影响的。地方人大常委会立法过程中，目前通常采用分组审议方式，今后应更多采用联组会议和全体会议的审议方式。联组会议和全体会议多是针对分组审议中的焦点和热点问题进行审议，发言人多经过对文本的认真研究和深思熟虑，发言更加深入和具有代表性，使委员对有关争议的认识也更加深入，对矛盾焦点或者存在重大分歧的问题容易达成共识。联组会议和全体会议可以采取辩论或推荐代表发言的方式进行。

第三，建立地方立法机关立法审议辩论制度和修正案制度。审议法案中审议人员能充分表达意见，并能实质性影响立法，这是地方立法民主性的必然要求。但在地方立法实践中，由于地方人大及其常委会的每次会议会期短、任务多、准备不足等原因，审议法案难以深入，更难以形成意见交锋。同时，由于以代表团审议、分组审议为主要审议方式，以联组审议作为补充，而较少采用全体会议审议方式，这客观上阻碍了不同意见之间的交流和借鉴，不利于审议质量的提高。因此，我们建议地方立法机关审议法案时应当采用辩论制度。其具体设想是：由地方人大主席团或地方人大常委会主任会议负责组织和主持辩论；在地方人大全体会议或地方人大常委会全体会议上举行；根据辩论时间长短，确定发言的人数和具体的发言时间；选择代表不同意见的发言人，按不同的辩论主题分次或分阶段辩论，以保证观点集中和不同意见形成交锋。

另外，在目前地方立法的制度设计中，审议人员的不同意见只有通过部分地方国家权力机关工作人员（法制委员会和其他专门委员会）的取舍，才能有选择地进入立法草案，这使审议人员仅有发言权而无实质性的修改法案权，这可能导致审议中出现的正确意见最终未能进入法案，也可能使立法案更多地打上"个人印记"（源于法制委员会成员的个人判断和个别实权人物的影响），进而影响到地方立法的民主、公正和适当。要改变这种现状，可以建立地方国家权力机关对立法草案审议中的修正案制度，即审议人员对立法草案审议中的修改意见以修正案方式提出，在经过辩论的基础上由立法机关以单项表决方式直接决定是否吸纳。修正案制度可以保证代表和常委会组成人员的正确意见以公开公正的方式被合理吸收，有利于修改后的立法草案内容更加科学、合理、可行。

第四，加强统一审议制度建设。我们认为，这方面的建议可以考虑如下几个方面：

（1）应当理顺统一审议机构与其他机构之间的关系。一是处理好法制委员会与主任会议的关系。一般而言，主任会议主要是负责处理常委会日常重要工作，是为常委会会议服务的。统一审议机构也必须为常委会审议好法规草案服务。因此，法制委员会的统一审议既要对常委会负责，也要对主任会议负责。法制委员会应对法规草案审议中的重要事项及时向主任会议报告。主任会议对有意见分歧的法规草案是否提请审议或者交付表决等问题享有决定权。因此，主任会议的决定，法制委员会应当执行。但统一审议应当由法制委员会负责，主任会议应充分尊重统一审议机构的工作，不能轻易否定法制委员会的审议意见，如果否定，必须说明理由。二是处理好法制委员会（本段以下简称"法制委"）与法制工作委员会（以下简称"法工委"）的关系。在统一审议的过程中，法工委是法制委的工作机构，负责法规条文的具体修改和起草有关的立法文件，形成提请常委会审议的文件。为此，法工委一方面可自主组织必要的立法调研，为法制委的审议做好充分准备。另一方面应积极列席法制委的审议工作，了解审议信息，为起草相关文件准备条件。而法制委的主要职责是发表审议意见，一般不必直接进行基础性的调研论证工作，以免同法工委的立法工作交叉重复。三是处理好法制委与有关专门委员会的关系。法制委与专门委员会同为地方人大的专门机构，但法制委享有统一审议职权，专门委员会享有法规草案的初步审查权。有关专门委员会的初步审议，主要是从专业的角度，侧重分析法案的必要性、可行性和立法依据，法规草案的基本框架、体例结构和重要内容，同相关法规的衔接性等，并对法案中存在的主要问题提出意见和修改建议，以协助常委会会议抓住审议要点，对常委会审议具有提示、导向作用。而法制委的统一审议，应重点分析法案的合法性、技术性，在综合分析各方意见的基础上，对常委会的审议意见作出选择，对争议较大的条款，提出不同的修改方案供常委会选择。其审议结果报告和修改情况报告主要是协助常委会作出修改抉择。因此，二者应相互配合，并根据各自的职责在立法的不同阶段做好自己的工作，形成良性互动的立法工作制度。

（2）加强统一审议机构建设。目前，地方人大法制委员会成员基本上是兼职的，在时间和精力上都无法保证其全身心投入审议。此外，法制委员会缺少专家、学者，也在一定程度上影响了统一审议的权威性。因此，为了提高统一审议的质量，今后有必要逐步实行统一审议机构成员的专职化，同时，要使其成员中熟悉经济、法律、管理特别是立法方面的专家、学者占有一定的比例。

（3）法制委员会在审议法案时应把握好以下几个原则：①广泛听取各方面的意见，特别是注意听取常委会组成人员和专门委员会的审议意见，对未被采纳的意见，应当给予说明。②邀请有关的专门委员会负责人列席法制委员会对法规案统一审议的会议，使其直接了解统一审议的情况。③法制委员会组成人员在审议时，充分发表审议意见，以切实保证法规的质量。

（4）加强统一审议的具体制度建设。为避免立法服务工作中的随意性，提高立法工作规范化水平，应制定法制委员会统一审议法案的程序制度、法制委员会与其他专门委员会或有关工作委员会联席会议、列席会议等制度。通过这些制度的建立和健全，使统一审议工作步入规范化、制度化的轨道。

（三）我国地方性法规案表决程序的问题与完善

科学的表决制度是准确反映表决主体的真实意志，体现民主决策的保证。从我国地方立法的制度与实践来看，现行地方性法规案表决程序存在下列问题：

1. 出席表决的法定人数与计票基数问题

一般而言，出席表决的法定人数的多少与表决结果存在着直接相关性，表决基数过低会使得表决结果难以全面、真实地体现大多数人的意愿。但我国目前有关地方立法的法律法规中并没有关于出席表决的法定人数的规定。此外，目前我国地方性法规案表决的计票基数也存在一定问题。目前我国的地方性法规案在表决时是以全体组成人员作为计票基数，二分之一以上人数通过方为有效，这种计票方式实际上形成了隐形投票的效果，导致缺席会议或出席会议但未行使表决权和弃权等同于投了反对票，这并不一定符合实际情况。

我们认为，应当确定地方性法规案表决时的计票基数等，从实质上保证立法民主。如前所述，根据相关法律的规定，地方人大及其常委会表决法案通常以全体组成人员作为计票基数，但如果表决时出席会议的人数较少，则可能出现少数人否决多数人意见的情况。目前国家法律并未明确地方人大及其常委会举行会议的人数标准，实践中以全体组成人员过半数作为标准。客观而言，此人数标准太低。因此，一方面要适度提高出席会议法定人数标准并以法律明确规定。例如可以规定，应当有全体组成人员的五分之四或者四分之三参加表决才能将法规案正式交付表决。[1]另一方面，还可以考虑应对不同议案的表决规定不同的计票基数，对于重要法案的表决采取以全体成员为计票基数的做法，而对普通法案则采取以出席会议人员的人数为计票基数的做法。

2. 重要条款单独表决机制需要进一步加强

我国地方立法一般采取整体表决制，即由与会的表决者对整部法案进行一次性的表决，这种表决方式有时不能如实反映与会人员的意愿，尤其是在对个别条款产生重大分歧时，若坚持整体表决的方式无疑会出现表决者左右为难的情形，最终可能导致表决者非常勉强地做出决定，甚至做出与自己的

---

〔1〕　参见宋黎：“论完善地方性法规案的表决和公布程序”，载《党政干部论坛》2005 年第 8 期。

真实想法相反的决定，有违科学立法的基本原则。随着党的十八届四中全会决定提出完善法律草案表决程序，对重要条款可以单独表决的要求后，不少地方已经逐步建立了重要条款单独表决机制，但仍然有部分地区尚未推进。同时，对于重要条款单独表决机制与整体表决之间如何协调、有效关联的问题，仍需要进一步研究与加强。

我们认为，无论是个别重要条款的提前、单独表决，还是意义重大立法草案的逐条表决，都应视其是否存在实质性分歧或争议予以区别，如无实质性分歧则不必提前、单独表决，更无必要逐条表决，而应以整体表决为宜，这样可以避免拖延表决的时间，提高地方立法的效率。因此整体而言，应根据地方性法规案的实际情况，以整体表决为常规，采取整体表决与个别条款单独表决相结合的表决方式，即当较多的代表对提请表决的法案中的个别条款有不同意见时，应当就个别条款进行单独表决，然后再就整个法案进行表决。

（四）我国地方性法规公布程序的问题与完善

我国地方性法规的公布程序存在的一个较为突出的问题是，在法规公布与生效之间没有一个合理期限。实践中，不少地方性法规的公布经常有两种做法，一是在法规中规定"本条例（或规定）自公布之日起生效"，二是在公告后规定"现予公布，自公布之日起施行"。这两种做法都导致一个后果，即地方性法规一经面世就立即生效，广大社会公众尤其是行政管理相对人在刚刚了解地方性法规内容、甚至还未了解法规内容时，就必须要受到地方性法规的约束，根本没有时间进行准备，显然，这未免过于不近人情。同样，行政管理部门的工作人员其实也未能完全了解地方性法规内容，要求他们立即展开执法工作也存在重重困难。

为完善地方性法规的公布制度，使得地方性法规的公布及时、准确、完整、合法，我们建议从以下几个方面予以改革和完善：第一，严禁法规公布时即生效的做法。也就是说，从地方性法规公布至法规生效，应该留有一个合理期限，为法规的有效实施做好准备。准备时间的长短，可以根据法规的内容及实际需要确定，少则一个月，多则一年。第二，公布法规时，应当加强宣传。除了按照《立法法》的规定，地方性法规公布后应该及时在"本级人民代表大会常务委员会公报和本行政区域范围内发行的报纸上刊登"外，还应当尽可能采取多种方式让社会公众知晓，如通过电视台、广播电台、互联网等媒体加以宣传。第三，建立"立法说明理由制度"。公布地方性法规时，应当同时公布立法过程中的相关文件，如提案人的起草说明、法制委员会和相关委员会的审议结果报告等，此外，还可以同时公布法规相关条款的立法理由和条文释义。这样，不仅可以增强立法本身的权威性与说服力，而且有利于执法机关和广大公民准确理解与把握地方性法规的本义。

关于地方性法规公布这方面的相关经验，可以参照广东省人大常委会公布与宣传地方性法规的做法。广东省人大常委会已经把立法宣传、舆论引导工作与立法工作同步谋划、统筹安排，重视做好新制定和修订的地方性法规在颁布后、实施前的宣传工作，采取多种形式系统宣传地方性法规内容，向社会公开阐述制定、修改地方性法规的重要意义，讲清地方性法规的主要制度和精神，使地方性法规得到更有效的实施，实现立法的社会效果。例如，2013 年通过的《广东省人民代表大会常务委员会立法公开工作规定》，明确要求地方性法规通过后，在广东省人大立法专网刊登地方性法规全文以及法规释义，在广东省人大常委会现有的宣传载体《人民之声》月刊上刊登有关解读文章，与地方性法规宣传活动相互呼应、互为补充。[1]

（五）自治条例立法批准程序的合理性问题

关于自治条例这一类型的特殊立法的批准程序是否有其合理性与正当性，理论界存在一些质疑。例如，有学者指出，《宪法》和有关法律一方面赋予民族自治地方立法自治权，另一方面又设置批准制度。对这一特殊规定，立法者自然有其言之成理的考虑，但若以此牺牲法律的公正性，就值得思量，毕竟公正是法律的生命所在。实际上，批准制度的施行，虽然发挥了一定的监督作用，在一定程度上也稳定了中央与地方、上级国家机关与下级国家机关之间既存的权力关系和利益格局，但对其负面效应我们也不能视而不见。[2]更进一步而言，批准程序实质上是对民族自治地方自治立法的限制。我国现

---

[1] 参见黄龙云主编：《广东地方立法实践与探索》，广东人民出版社 2015 年版，第 96 页。
[2] 参见陈绍凡："我国民族区域自治地方立法若干问题新探"，载《民族研究》2005 年第 1 期。

行对自治立法批准制度的存在，实质上破坏了民族自治地方立法自治权的完整性和自治性，也与《宪法》赋予的民族自治地方广泛的自治权的内容相违背。[1]不过，至于地方性法规的批准程序是否应当继续存在，可能还需要进一步考察斟酌。

第三节　地方政府规章的制定程序

地方政府规章是我国法律渊源体系中效力最低的一种法的渊源，但它的数量多，调整范围大，规范具体，对贯彻实施宪法、法律、法规具有积极作用。它与地方性法规一起，构成了地方立法的两大主要形式。就规章制定的程序而言，与地方权力机关制定地方性法规的程序相比，地方政府规章的制定程序较为简便、灵活，地方政府规章的提案主体并未严格限制，也没有复杂的审议程序和表决程序要求（仅有相对简单的审查和决定程序）。从某种程度上来看，这主要是为了适应行政效率的需要。就此而言，这种简便与灵活的立法程序特征也具有某种合理性。

我国《立法法》没有对地方政府规章的制定程序作出明确规定，主要是在该法第83条做出原则性规定："国务院部门规章和地方政府规章的制定程序，参照本法第三章的规定，由国务院规定。"国务院于2001年制定了《规章制定程序条例》，对包括国务院部门规章和地方政府规章在内的所有规章的制定程序进行了规范。此外，不少地方政府也相应制定了本级政府规章的制定程序规范。根据既有的国家与地方相关规定及实际做法，地方政府规章的制定程序一般包括立项、起草、审查、通过和公布等环节。

一、制定地方政府规章的立项

制定地方政府规章的立项，是指由有关主体提出制定地方政府规章的建议，经地方人民政府审查决定，同意其列入地方立法规划的行为。制定地方政府规章的立项活动是准备制定地方政府规章的开端。它包括申请立项、审

---

〔1〕　参见付明喜：《中国民族自治地方立法自治研究》，社会科学文献出版社2014年版，第265页。

查立项和决定立项等环节。立项申请一般包括：该项地方规章的题目及主要解决的问题、该项政府规章的主要内容、该项政府规章的现实必要性和可行性、起草部门、制定依据等。立项申请提出后，通常由政府法制机构结合本地经济和社会发展以及其他实际情况，对立项申请进行充分的调研论证后，进行综合平衡，提出行政规章制定计划方案，报政府常务会议审议，经批准后施行。[1]

　　根据《立法法》以及其他法律法规的相关规定，地方政府规章立项程序的主要内容包括：首先，具有立法权的行政区域的人民政府所属工作部门或下级人民政府认为需要制定地方政府规章的，应当向有立法权的人民政府报请立项。其次，报送制定规章的立项申请，应当对制定规章的必要性、所要解决的主要问题、拟确立的主要制度等做出说明。最后，有立法权的人民政府法制机构，应当对制定规章的立项申请进行汇总研究，拟订本级人民政府年度规章制定工作计划，报本级人民政府批准后执行。年度规章制定工作计划在执行中，可以根据实际情况予以调整，对拟增加的规章项目应当进行补充论证。

　　地方政府规章的立项环节也需要注意一些问题：一是立项来源工作要做好。虽然目前大多数立项项目是由政府职能部门提出，但随着各地纷纷开展向社会征集立法建议活动，其他国家机关、地方各政党、社会团体、企业事业组织和公民提出制定规章建议项目的情况将会逐渐增多，因此，地方政府法制机构应认真研究，适当吸纳。二是制定地方政府规章的规划和计划。地方人民政府法制工作机构对收到的制定规章的立项申请、建议等，应进行通盘研究，综合分析、论证、筛选、整理和协调，在调查研究、科学论证的基础上，提出规章制定的规划和年度计划草案。[2]

二、地方政府规章草案的起草

　　地方政府规章的起草程序，是《规章制定程序条例》所规定的制定规章

---

〔1〕　参见王建华、杨树人：《地方立法制度研究》，四川人民出版社2009年版，第128页。
〔2〕　参见王建华、杨树人：《地方立法制度研究》，四川人民出版社2009年版，第128页。

程序的重要内容。关于地方政府规章草案的起草主体，一般分为以下几种情况：第一，由于地方政府规章一般涉及某政府职能部门的行政管理，因此地方政府规章草案的起草工作一般由地方人民政府所属的职能部门负责。第二，如果地方政府规章草案的内容涉及两个以上职能部门，则可以由有关部门组织联合起草小组起草。第三，如果属于全局性、综合性较强的地方政府规章草案，则一般应由地方人民政府法制机构直接组织起草。

具体来看，根据《规章制定程序条例》，地方政府规章草案起草程序一般包括如下几方面内容：其一，地方政府规章由具有地方政府规章立法权的行政区域的人民政府组织起草。具有立法权的人民政府可以确定地方政府规章由其一个部门或几个部门具体负责起草工作，也可以确定由其法制机构起草或组织起草。起草规章可以邀请有关专家、组织参加，也可以委托有关专家、组织起草。其二，起草地方政府规章，应当深入调查研究，总结实践经验，广泛听取有关机关、组织和公民的意见。听取意见可以采取书面征求意见、座谈会、论证会、听证会等多种形式。其三，起草的地方政府规章直接涉及公民、法人或其他组织的切身利益，有关机关、组织或公民对其有重大意见分歧的，应当向社会公布，征求社会各界的意见；起草单位也可以举行听证会。听证会依照下列程序组织：（1）听证会公开举行，起草单位应当在举行听证会的 30 日前公布听证会的时间、地点和内容；（2）参加听证会的有关机关、组织和公民对起草的地方政府规章，有权提问和发表意见；（3）听证会应当制作笔录，如实记录发言人的主要观点和理由；（4）起草单位应当认真研究听证会反映的各种意见，起草的地方政府规章在报送审查时，应当说明对听证会意见的处理情况及其理由。其四，起草地方政府规章，涉及本级人民政府其他部门的职责或与其他部门关系紧密的，起草单位应当充分征求其他部门的意见。起草单位与其他部门有不同意见的，应当充分协商；经过充分协商不能取得一致意见的，起草单位应当在上报地方政府规章草案送审稿时说明情况和理由。其五，起草单位应当将地方政府规章送审稿及其说明、对地方政府规章送审稿主要问题的不同意见和其他有关材料按规定报送审查。报送审查的地方政府规章送审稿，应当由起草单位主要负责人签署；几个起草单位共同起草的地方政府规章送审稿，应当由该几个起草单位主要负责人共同签署。地方政府规章送审稿的说明应当对制定地方政府规章的必要性、规定的主要措施、有关方面的意见等情况做出说明。有关材料主要包括汇总的意见、听证会笔录、调研报告、国内外有关立法资料等。

三、地方政府规章草案的审查与通过

地方政府规章草案由政府法制机构根据法定权限和程序进行全面审查。审查是制定地方政府规章的关键环节，是政府规章出台前最集中、最有效的质量把关环节，因而受到地方行政立法的高度重视。审查地方政府规章草案，一般主要针对以下几方面内容展开：（1）审查制定地方政府规章的必要性和可行性。（2）地方政府规章草案内容的合法性与适当性。具体包括：地方政府规章的内容是否符合上位法的规定，是否有利于保障公民合法权利，是否有利于规范行政行为，是否正确处理有关机关、社会组织和公民对地方政府规章送审稿主要问题的意见，是否符合立法技术要求。（3）审查起草程序的合法性与适当性。经审查不合格的草案，可以退回起草部门重新起草或组织有关人员进行修改。

地方政府规章草案经审查、修改完善后，形成正式的地方政府规章草案和对规章草案的说明，由政府法制机构主要负责人签署后，就进入到地方政府规章草案的审议通过程序。地方政府规章的审议通过程序是决定地方政府规章草案能否转化为政府规章的关键环节。根据《立法法》第84条第2款和《地方组织法》第60条第2款的规定，制定规章，须经各该级政府常务会议或者全体会议讨论决定。具体而言，向地方人民政府报送的地方政府规章草案，一般先由地方人民政府法制机构负责协调和审核修改，然后提请政府常务会议或全体会议讨论。政府常务会议或者全体会议一般由省长（自治区政府主席、市长）召集和主持。讨论时，由负责起草地方政府规章的部门作草案的说明，然后由政府法制机构汇报审查意见。政府常务会议或全体会议讨论地方政府规章草案时，相关的工作部门负责人可以列席会议，反映意见。最后，在常务会议或者全体会议组成人员充分发表意见、认真研究讨论，并听取列席会议的有关工作部门的意见的基础上，由省长（自治区政府主席、市长）作出决定，包括决定通过、否决或者暂不通过、经调查研究后讨论。

四、地方政府规章的公布

地方政府规章的公布是指由法定的地方行政首长签署命令把地方政府规章公之于众的活动。根据《立法法》第 85 条和第 86 条规定,地方政府规章由省长、自治区主席、市长或者自治州州长签署命令予以公布。地方政府规章签署公布后,及时在本级人民政府公报和中国政府法制信息网以及在本行政区域范围内发行的报纸上刊载。

第五章　地方立法机制

第一节　地方立法机制概述

一、机制与体制

机制通常指制度机制，机制是从属于制度的。机制通过制度系统内部组成要素按照一定方式的相互作用实现其特定的功能。制度机制运行规则都是人为设定的，具有强烈的社会性，如竞争机制、市场机制、激励机制等。机制泛指一个系统中，各元素之间的相互作用的过程和功能。后来，人们将"机制"一词引入经济学的研究，用"经济机制"一词来表示一定经济机体内，各构成要素之间相互联系和作用的关系及其功能。[1]

经济机制理论主要研究在自由选择、自愿交换、信息不完全及决策分散化的条件下，能否设计一套机制（游戏规则或制度）来达到既定目标，并且能够比较和判断一个机制的优劣性。[2]经济学家给出的好的经济制度的判断标准是：它导致了资源的有效配置、有效利用信息及激励兼容。机制的有效资源配置要求资源得到有效利用，有效利用信息要求机制的运行具有尽可能低的信息成本，激励兼容要求个人理性和集体理性一致。这些要求是评价一

---

〔1〕　吴亚东、李钊："对体系、制度、体制、机制相关概念的辨析与理解"，载《现代商贸工业》2010 年第 4 期。

〔2〕　田国强："什么是机制设计?"，载《南方周末》2007 年 12 月 18 日，第 C20 版。

个经济机制优劣和选择经济机制的基本判断标准。[1]

在这个理论模型下，经济机制不必看成是给定的，而是未知、可设计的，并且在一定的标准下（如以上所提到的三个标准）可以研究和比较各种（已知和未知）经济机制的优劣。此外，人们所面临的是一个信息不完全的社会。正是由于所有的个人信息不可能完全被一个人掌握，人们才希望分散化决策。用激励机制或规则这种间接控制的分散化决策方式来激发人们做设计者（制度或规章制定者）想做的事情，或实现设计者想达到的既定目标。这正是经济机制设计理论所要探讨的问题。机制设计目标可以非常大，也可以非常小。大到可以是整个经济社会的制度设计，其目标是一个经济整体目标，也可以小到只有两个参与者的经济组织管理的主持人的目标，其目标只是他自己的最优利益。

二、地方立法机制

机制体制的概念从经济学延伸并广泛应用于人文社会科学领域，包括法学。根据词源意义，地方立法机制（Local Legislation Mechanism）可以界定为地方立法体制内各要素之间相互作用的过程、规则以及功能。地方立法机制是可设计的，具有强烈的社会功能。判断地方立法机制的优劣也可以借鉴经济学的三个基本判断标准：

第一，是否能够有效利用并配置地方立法资源；

第二，是否能够有效利用信息，降低立法成本；

第三，是否能够提供有效的激励，促进参与和分散化决策的实现。

从理论和实践的角度来看，实际运行的地方立法机制包括：立项机制、起草机制、调研机制、审议机制、公众参与机制、协调机制、监督机制以及激励机制等。立法机制作为地方立法制度顺利运转的保障，其设计、产生、发展以及完善受到中央与地方关系、立法权限划分、地方立法制度、经济发展水平、社会整体环境等多个方面的影响，也将会在地方立法的发展过程中不断完善。

---

〔1〕 田国强："什么是机制设计?"，载《南方周末》2007年12月18日，第C20版。

三、当前地方立法机制的现状与问题

党的十八届四中全会提出"建设中国特色社会主义法治体系，必须坚持立法先行，发挥立法的引领和推动作用，抓住提高立法质量这个关键……完善立法体制机制，坚持立改废释并举，增强法律法规的及时性、系统性、针对性、有效性……完善立法体制，加强党对立法工作的领导，完善党对立法工作中重大问题决策的程序，健全有立法权的人大主导立法工作的体制机制，依法赋予设区的市地方立法权。深入推进科学立法、民主立法，完善立法项目征集和论证制度，健全立法机关主导、社会各方有序参与立法的途径和方式，拓宽公民有序参与立法途径"。应该说，在国家法治建设逐步推进的大背景下，地方立法在体制机制建设方面取得了很大的进步，地方立法质量进而也不断提升。以广东省为例，近年来地方立法呈现出以下发展趋势[1]：

第一，综合性、框架性立法相对减少，补充性、实施性、配套性法规的制定相对增多；

第二，法规"由粗入细"，立法更加重视增强法规的可操作性；

第三，立法不再单纯追求数量和速度，而更加重视立法质量的提高；

第四，新法的制定相对减少，法规的修改和废止相对增多，立法更加重视法规清理工作；

第五，立法工作程序和机制不断完善，立法越来越重视程序上的公平、公正和公开。

地方政府在立法机制层面也多有创新，地方立法从法规立项、法规案调研论证到法规案审议和法规的宣传贯彻等各个环节的制度逐步健全，立法工作基本有章可循；人大、政府、人大代表、人民群众和专家等立法工作相关主体的作用得到有效发挥，初步形成了党委领导、人大主导、政府协同和各方配合的立法体制，其中已经相当完善的立法机制包括：立法规划和年度立法计划制度、法规案起草论证制度、立法统一审议制度、立法有关各方沟通协调制度等；另外，在依托地方高校起草法规草案、建立立法咨询专家制度、

---

〔1〕　参见雷斌："健全地方立法机制的若干思考"，载《人民之声》2010 年第 7 期。

完善立法听证制度和征求意见制度等方面也已经有很多实践，广东省更是率先与地方高校合作建立起地方立法咨询与评估服务基地，吸纳地方科研工作者全方位参与地方立法工作。

就地方立法机制而言，目前存在的问题主要包括以下几个方面：

第一，立法参与机制不健全。当前地方立法体制机制中另一个很突出的问题是，人大代表立法参与度和社会力量立法参与度均有待进一步提高。人大代表立法参与度不高，主要表现在立法提案不积极、立法审议意见少。社会力量立法参与度不高，主要表现在社会公众和社会团体对立法与自身行为的相关性认识不够、对立法参与渠道和相关知识缺乏了解等方面。

第二，立法程序形式化。对地方立法程序机制的科学性问题的考察，可以从立法观念、立法制度、立法决策、立法技术四个方面分析。首先，当前的立法中片面追求立法数量和规模而忽视立法质量和效益的观念、重视经济型立法而忽视其他型立法的观念仍然突出。其次，立法工作中出现了立法重复、立法越权、立法缺位等问题。再次，当前的立法决策中虽然实行集体决策，保证了立法决策的民主性，但决策效率和质量有待提升，必须寻找更为科学的立法决策形式和方法。最后，立法技术中法规的结构与表述的规范化、立法活动的运筹能力与调度能力等方面都有待提高。在湖北省人大与中南财经政法大学的立法合作中，就多次发现已经公布的法规中存在结构和表述规范的问题，而立法活动中的资源和信息调度能力以及立法计划的统筹安排问题也有待提升。[1]广东省各立法基地在审查和评估立法草案的时候，也经常发现结构和表述规范等的基本错误。

地方立法程序机制的民主性问题主要表现在：首先，享有地方立法权的主体主要为地方人大及其常委会，作为民意代表的权力机关，人大代表的产生及其参与状况直接关系到立法主体的民主性问题。其次，立法过程中，从立法决策、立法起草到立法程序都要体现民主性，当前的参与效率有待提高。最后，立法内容的管理色彩和倾向仍然比较突出。

---

〔1〕 参见吴理财、方坤："地方立法体制机制创新：现状、问题和出路——基于湖北省地方立法实践的研究"，载《地方治理研究》2016 年第 1 期。

第三，立法激励机制匮乏。立法激励机制建设滞后是当前全国地方立法工作中普遍存在的一个问题。立法激励机制建设的滞后，主要表现在对立法主体的立法立项、立法创新激励和对立法参与主体的立法参与激励两个方面。正是由于缺乏对立法立项工作的考核与激励，地方人大法制委、专门委员会等缺乏主动寻求立法立项的动力。另外公众参与积极性不高，参与严重不足。政治和民主生活热情的缺失在某种意义上是当前民主国家共同面临的课题。

第四，立法监督机制不到位。尽管从广义层面，政党、国家机关、社会团体和普通公民等一切组织及个人均享有对立法行为及其结果监督的权力/利，但就目前整体的立法监督机制而言，监督虚化和过度监督的情形同时存在。囿于地方人大权限和工作人员编制以及地方人大组织机构设置等体制原因，地方人大难以在实质上对地方法规、规章等进行及时、有效的监督，同时在对较大的市的规章审查时，对于合法性审查和重大合理性问题的审查又难以做出有效区分，经常存在审查过度的情形，无法对地方立法权和《立法法》原意形成真正的尊重。还有一个非常重要的缺位便是社会力量在立法监督中的参与，以及我国目前权力体制中对立法权限制和制约的不足。

第二节 立法起草机制

起草在立法的各个环节中是基础的、前提性的阶段。国内学者对法案起草的界定基本相同，法案起草指"有立法提案权的机关、组织和人员或者受其委托的主体，将应当以书面形式提（动）议的法案形诸于文字的活动"。[1]我国台湾地区学者罗成典曾指出：立法起草人必须"反复商酌，彻底研讨法律欲达成之目标或希冀规范之事物，并细考法律适用之对象，施行之范围，与实施之客观条件，然后拟定法律之结构，充实法案之内容，配制妥适之条文，详加推敲润饰，使法案内容旨有所归，意有所指，此乃法案起草最基本义理"[2]。

周旺生先生总结了我国法案起草的 10 个基本步骤：①作出法案起草的决

---

[1] 周旺生主编：《立法学》，法律出版社 1998 年版，第 506～510 页。
[2] 罗成典：《立法技术论》，台湾文笙书局 1983 年版，第 14～15 页。

策；②确定起草机关；③组织起草班子；④明确立法意图；⑤进行调查研究；⑥搭架子和拟出法案提纲；⑦正式起草法案；⑧征求有关方面意见和协调论证；⑨反复审查和修改；⑩形成法案正式稿。[1]地方立法起草大致也要经历这些步骤，实践中经常存在多个步骤同时进行、交错进行的情况。

一、地方立法起草主体

起草主体是非法定性的，起草权是可委托权。在起草主体的安排上，地方立法起草主要有以下几种方式[2]：

一是地方人大有关委员会起草。由地方人大有关委员会为主起草，实践中多邀请政府有关部门、专家学者和具有实际经验、技术的其他相关人员等参与。人大自主起草确立了人大及其常委会在法规起草过程中的主导地位，但从各地开展自主起草的实践来看，自主起草碰到了不少问题，如自主起草时因难以"满足"政府部门期望在法规中实现的意图，需要部门提供信息、背景材料的，部门就可能不全力配合，出现"出工不出力，甚至不闻不问"的现象等。

二是政府有关部门起草。即地方性法规由地方政府有关部门负责起草。实践中，起草部门往往是法规实施的主管部门，如由发改委牵头起草收费类的条例等，但是由主管部门起草难以避免"部门利益倾向"等弊端。

三是委托起草。即由起草主体通过立法招标等形式，委托有关大专院校、科研机构或社会组织起草。2001年2月28日，重庆市人大法制委员会委托重庆市索通律师事务所起草《重庆市物业管理条例（草案）》，这是我国地方人大委托律师事务所起草法案的第一个事例。随后多个地方都开始尝试招标或者委托起草。例如太原的做法是将两家中立的中标单位的两份方案与政府部门所起草的方案，共三份方案共同呈交市人大进行汇总，最后形成一份草案，提交大会审议[3]。广东省于2013年开始与中山大学等高校合作建立立

〔1〕 参见周旺生："论法案起草的过程和十大步骤"，载《中国法学》1994年第6期。
〔2〕 参见阎锐："地方人大在立法过程中的主导功能研究——以上海市为例"，华东政法大学2013年博士学位论文。
〔3〕 参见任静："地方性法规起草主体"，载《法制与社会》2010年第3期。

法评估与咨询服务基地，将《广东省社会救助条例》《广东省社会组织条例》《广东省市场监管条例》《广东省行政执法监督条例》等地方性法规交给立法基地起草，其中每一个法规至少委托两个基地"背对背"起草，草案提交后由省人大进行评估，在整合的基础上确定草案。广东省人大立法基地的建设在制度、依据以及自我考核和评估方式上等方面，三年来取得了较为突出的成绩，是地方人大发挥主导功能、提高地方立法质量的有益尝试。

当然，也有实务工作者对"发包"起草提出不同意见，认为立法项目一旦向社会"发包"之后，立法的起草者已经由立法机关转移到社会组织身上，其实无异于在立法的特定阶段和一定时期内，立法机关实质上是缺位的，可能促生其自身的"懒政"，等等[1]。

四是合作起草。即由人大专门委员会、法制工作委员会、政府有关部门、政府法制办以及社会组织、专家学者等共同组织成立立法起草小组，俗称"4+1"模式，共同完成草案的起草工作。应该说从全国人大开始，大部分法律法规的起草都或多或少采用合作起草的方式，差别在于参与的程度和实质的控制权在人大还是政府职能部门，以及专家学者等的建议所起到的作用。

二、当前地方法规起草机制存在的问题

严格意义上讲，起草机制和立项机制属于立法准备阶段，从《立法法》的规定来看，立法准备阶段的程序等并没有清晰、明确的规定，因此，无论是立项机制和起草机制的价值和意义，还是该过程中的技术以及程序等方面，既没有得到足够的关注和重视，也没能很好地落实。总体而言，地方立法起草机制存在的问题集中在以下几个方面：

一是绝大部分地方性法规由政府及其职能部门起草。根据学者统计，七成左右的地方性法规由政府起草[2]，有的地方政府起草法规的比例甚至达到90%以上。甘肃省从1979年至2009年先后制定155部现行有效法规，由政

---

〔1〕　参见赵立新、姜清波："立法项目向社会'发包'应慎行"，载《吉林人大》2007年第3期。

〔2〕　参见阎锐："地方人大在立法过程中的主导功能研究——以上海市为例"，华东政法大学2013年博士学位论文。

府部门直接起草的占总数的 86.5%；由人大有关部门起草的占 13.5%[1]；南京市某届制定的 61 部法规中，57 部是政府主管部门起草的，比例高达 93%；长春市某届制定的 96 部法规中，政府相关部门起草的法规案占比近 90%[2]。

二是地方人大无法在实质上对地方立法起到主导作用，尤其是在面对政府及其职能部门具有专业优势时。社会生产力的提高导致社会结构发生变化，社会事务的专业化、复杂化以及专业分工的细化，使得立法也必须以专业判断和专业知识为前提和基础，而行政机关及其工作人员长期从事相关领域的管理工作，多为各专业领域的专家，对立法中的各种专业性、技术性很强的问题，他们更有发言权。以上海为例，近年来，人大通过加强内部专门委员会设置和人员配备等做法，力图加强自身在专业问题上的力量。但实践中专门委员会"驻会"（专职）委员多不超过 10 人，专门委员会的办公室工作人员也不超过 10 人，而一个专门委员会要对口 20 个左右的政府部门，主要联系某项立法的往往是一位专门委员会委员和一位工作人员。面对某个政府部门强大的专业团队，力量明显不足。[3]

另外以地方政府为主起草法规，也与现阶段地方性法规内容多为行政管理类密切相关。与国家七大法律部门相对照，地方立法由于受到权限限制，对刑法、诉讼与非诉讼法、各级国家机关的组织和职权、基层群众自治制度、民事基本制度、基本经济制度等领域均无权涉足，大量的法规为行政管理类和民生保障类，而这些法规多数与政府管理职能相关，也就往往由最熟悉情况的政府部门起草。[4]

由地方政府部门起草立法草案无论是在理论上还是在实践中，都受到了多方面的质疑和批判。从理论层面来讲，部门起草违背了权力制衡的基本法理，"部门起草违背立法机关主导原则。立法与执法的分离是现代法治的基

〔1〕 参见李高协等："关于提高政府部门立法起草质量问题的思考——以甘肃省地方立法 30 年的实践为例"，载《人大研究》2010 年第 2 期。

〔2〕 参见逄艳、杨晓龙："对地方性法规案起草主体的思考"，载《吉林人大》2005 年第 5 期。

〔3〕 阎锐："地方人大在立法过程中的主导功能研究——以上海市为例"，华东政法大学 2013 年博士学位论文。

〔4〕 阎锐："地方人大在立法过程中的主导功能研究——以上海市为例"，华东政法大学 2013 年博士学位论文。

础。现代立法所要实现的是一种整体利益，而不是某种局部或个别利益，这就要求立法机关在立法过程中应当始终占据主导地位。这一地位不仅仅存在于审议和表决阶段，也体现在起草过程中"。[1]同时由管理者设计自己的管理权，对于被管理者而言，也违背了基本的公平原则。另外从地方立法的实践来看，部门起草的法规的确难以避免部门主义倾向，在不同程度上扩大权限，实现部门利益法制化。

三是起草阶段的公众参与严重不足。在起草环节，无论是人大组织起草还是政府部门起草，由于没有建立制度化的起草环节公众参与工作规范，起草环节较少听取社会公众意见，相比法案到法阶段，无论是立项还是起草，社会公众对这一阶段立法活动的参与较少，影响力也较弱。

三、完善地方立法起草机制

1. 克服立法工具主义倾向

在我国之所以出现政府机关争抢"立项进入权"，一个重要的原因就是行政机关在由过去的依靠政策治理转向依靠法律治理的过程中，不希望丢掉其既得利益，甚至希望拥有更多权力，因此希望通过主导立法，运用法律技术保障其行政权力的行使。[2]这恰恰折射出行政机关立法工具主义的观念。立法工具主义是把法律视为强化社会管理和控制的工具，把立法看作加强行政管理的手段，将立法的主要职能定位于为经济发展、改革开放"保驾护航"。"如果在一种制度安排中，最高权力机构的关注点主要在于政府治理方面而不在法律方面，那么这种制度安排只会使政府治理的工作越来越压倒法律的工作"。[3]因此，完善包括地方立法起草机制在内的整个立法机制，都需要以转变观念为前提，改变法律工具主义观念，真正将法律视为规则形成机制而非利益分配和部门利益合法化的工具，这是当前整个国家需要面对和解决的

---

〔1〕　任静："地方性法规起草主体"，载《法制与社会》2010年第3期。

〔2〕　参见阎锐："地方人大在立法过程中的主导功能研究——以上海市为例"，华东政法大学2013年博士学位论文。

〔3〕　[英]弗里德利希·冯·哈耶克：《法律、立法与自由》，邓正来等译，中国大百科全书出版社2000年版，第313页。

问题。

2. 提高地方人大专业化水平

地方人大必须改变传统的选人用人机制，提高立法机关工作人员的专业化水平，能够在与行政机关等专业机构对接时起到实质引导和审查作用。同时现有的工作机制也要做出相应的调整，使立法起草以及其他立法进程中的衔接更加顺畅。

3. 建立多元起草机制

在现有基础上对起草机制作进一步的完善，更好地发挥政府及其他主体在立法中应有的作用，同时避免其由于所处地位和所担职责等因素影响而可能在起草工作中出现的片面性。要不断探索完善起草（提出议案）分工机制，创新起草模式，充分发挥立法工作者、实际工作者、专家学者以及社会力量的作用，同时加强人大主导作用，避免部门利益以及其他垄断力量对立法的干预。

第三节　地方立法参与机制

"一个国家的民主程度，取决于公民参与的深度、广度和范围。公民的参与不只是选举，还包括立法和社会事务的过程。"

——科恩《论民主》

"立法应当体现人民的意志，发扬社会主义民主，坚持立法公开，保障人民通过多种途径参与立法活动。"

——《立法法》第5条

一、参与与立法参与

《现代汉语词典》把"参与"一词解释为："参加事务（计划）的讨论、处理。"美国较多的使用 participation，而欧洲较多使用 involvement。现代意义上的参与有其特定的含义，即利益受影响者能够参加到有关程序中来，实质性地影响程序结果。

（一）公众参与与公民参与

公众参与又称公民参与或公共参与，是指有参与愿望的公民通过一定的途径试图影响公共政策和公共生活的一切活动。王锡锌教授对公众参与和公民参与做出了进一步的区分，他指出，"公民参与"强调的是参与主体的权利，是指公民作为个体参与民主政治或者决策活动，这种参与是赋予政治过程正当性的基础；而"公众参与"强调的是参与事务的公共性，主要是指个人和组织参与公共事务决策活动。[1]王锡锌进一步提出，参与权是公民权的一部分；"公众参与"，也可称公共参与，主要是从参与的事务范围，而不是从参与主体来理解的一个概念。[2]由此，二者的区别可以总结如下：

1. 主体差异

公众参与更强调社会组织，并不限制国籍；公民参与更强调公民个体，要求国籍。

案例：上海市政府法制办曾组织考察团对德国公众参与制度进行考察学习，在一场"地方政治中的公众参与"的专题报告中，报告人耶兹马尼戈就指出，公众参与和公民参与是有区别的：公众群体不分国籍，不限于德国公民，也包括在德国居住的外国人，公众参与的主体用"居民"更加贴切。[3]

2. 界定角度的差异

公众参与强调的是参与事务的公共性，主要是指个人和组织参与公共事务决策活动。公民参与强调的是公民权利，即参与权，是指公民作为个体参与民主政治或者决策活动，这种参与是赋予政治过程正当性的基础。

由此可知，公众参与在内涵和外延上都比公民参与要宽泛。因此，本书中使用公众参与的概念。主要原因如下：

第一，公众参与强调的是组织化的、集体化的参与，而公民参与强调的是个人的参与，是一种分散化的参与。正如梁漱溟先生所言：一切民主政治，

---

〔1〕　参见王锡锌："利益组织化、公众参与和个体权利保障"，载《东方法学》2008年第4期。

〔2〕　参见王锡锌：《公共参与和行政过程——一个理念和制度分析的框架》，中国民主法制出版社2007年版，第74~75页。

〔3〕　参见黄洪旺："我国公众立法参与的制度化研究"，福建师范大学2012年博士学位论文。

末了出头露面的仍然不外是几个政党，也就是一种组织化的社会利益集团，因此，代议人之代表利益团体的连带关系，实为民主政治的要义。[1]分散的公民在立法参与中往往带来大量个体利益诉求，搜集、梳理、整合这些意见信息耗费大量人力物力资源，是目前立法机构的资源和能力难以承受的。而公民个体能力的差异也容易导致立法利益表达的失衡。

第二，原子化的公众个体是不可能有序有效地参与到公共政策制定过程中来的；没有发达的社团参与就没有民主的公共政策制定，公众必须组织起来；公众的组织程度直接决定公众参与公共政策制定的层次。[2]正如亨廷顿所言："如果人们加入某个组织并在其中积极活动，那么他们参与政治的可能性就会大得多。"[3]

第三，引导公民通过社团或者组织有序参与公共事务是现代民主政治的基本要求。公众参与和公民社会的发育成为推导自政策博弈向立法博弈转型中的应有之义。从政治哲学角度而言，上述安排旨在促进权力开放与公民参与，以立法的民主过程的技术性化解利益冲突和价值多元的紧张性。[4]

（二）地方立法中的公众参与

公众参与是公民试图影响公共政策与公共生活的一切活动。包括：竞选、投票、公决、请愿、集会、结社、抗议、游行、检举、游说、对话、协商、辩论、听证等。作为一种制度化的"公众参与"，它指的是公共权力机构在立法、决定公共事务、进行公共治理的时候，通过开放的途径，从公众特别是利益相关的个人或组织听取意见，获取信息，并且通过交流互动对公共决策和治理行为产生影响的各种行为。由此，公众在公共事务中的参与可以大致归结为三个层面：一是立法层面，包括立法听证、立法游说、利益集团参与立法等；二是公共决策层面，包括国家机关和公共机构在公共政策的制定过程

---

〔1〕 转引自：许章润："从政策博弈到立法博弈——关于当代中国立法民主化进程的省察"，载《政治与法律》2008年第3期。

〔2〕 耿国阶、孙萍："论公共政策制定过程中参与公众的发展"，载《东北大学学报（社会科学版）》2007年第5期。

〔3〕 转引自：黄洪旺："我国公众立法参与的制度化研究"，福建师范大学2012年博士学位论文。

〔4〕 许章润："从政策博弈到立法博弈——关于当代中国立法民主化进程的省察"，载《政治与法律》2008年第3期。

中的公众参与；三是公共治理层面，包括法律政策实施，基层公共事务的决策管理等。

　　而地方立法中的公众参与指的是公民、公民组织通过各种途径，试图影响地方立法过程和结果的活动及过程。地方立法公众参与的主体可以是普通公民个人，也可以是公民组织，包括人民团体、社会组织乃至政党，但不包括享有立法权的机关及组成人员；公众参与地方立法的目的，是影响地方法规、政府规章等规范性文件的形成过程及结果，是公民在立法这一特定领域的参与行为，是公民个人或公民组织通过介入地方立法过程，对法律规范的形成过程及结果产生影响的活动。[1]公众参与地方立法的意义表现在以下几个方面：

　　第一，帮助地方立法机关收集信息、获取立法资料。通过公众参与表达公众意愿，弥补间接民主的不足，最大限度地保持理性的精神，从而避免立法中可能出现的疏漏，提高立法内容的科学性和完整性。

　　第二，制约地方立法权力，防止腐败。洛克说："虽然只能有一个最高权力即立法权，其余一切权力都是而且必须处于从属地位，但是立法权既然只是为了某种目的而行使的一种受委托的权力，当人民发现立法行为同他们的委托相冲突时，人民仍然享有最高的权力来罢免或更换立法机关。"[2]以权利监督权力是权力合法行使的应有之义。

　　第三，促进地方治理转型，由政策博弈转向立法博弈，同时培育公民理性及公民社会，推动地方自治。

二、当前地方立法公众参与的现状与问题

　　应该说自《立法法》出台以来，我国通过中央和地方人大的立法逐步建立并完善了地方立法中的公众参与制度，有通过专门的立法规范固定下来的，如2004年四川省《四川省人民代表大会常务委员会关于提高地方立法质量有关事项的决定》、2005年青海省《关于扩大立法民主的若干规定》等，也有

〔1〕　参见黄洪旺："我国公众立法参与的制度化研究"，福建师范大学2012年博士学位论文。
〔2〕　[英]洛克：《政府论·下篇》，叶启芳、瞿菊农译，商务印书馆2010年版，第94页。

一些对具体参与方式作了规定，如2007年9月27日甘肃省第十届人大常委会第三十一次会议审议通过的《甘肃省人民代表大会及其常务委员会立法程序规则（修正案）》，其中规定公民可以直接或通过省人大、人大各专门委员会以及人大常委会的工作部门提出立法建议项目。该修正案还规定，公民可对"列入常务委员会会议议程的关系公民、法人和其他组织重要权益的法规案"，参与"听证会"和提出"意见"。一些地方人大把一些行之有效的公众参与制度，作为一个条款，规定在立法条例或者是立法程序规定中，比如，厦门把公开征集法规草案意见作为一项民主立法制度固定下来；还有一种是对某种公众参与形式单独立法，比如《福州市人民代表大会常务委员会立法听证办法》、宁夏人大的《公示地方性法规草案规定》、北京人大的《立法公示制度规程》、云南人大的《关于向社会公开征集立法项目和法规草案的决定》，等等[1]。此外在地方其他规范性文件中对公众参与制度也多有涉及。

我国目前公众参与的问题主要表现在以下几个方面：公众参与广度、深度不足，参与范围还不够宽，参与方式较为单一，参与的实效性不够[2]：

第一，参与不足首先表现为立法参与的面不够广。以广东省人大地方立法网公布的数据为例：

法规名称	征求意见时间	参与人数	提交意见数
《广东省社会保险基金监督条例（修订草案修改稿征求意见稿）》	2015 - 12 - 21 至 2016 - 03 - 10	2	14
《广东省渔港和渔业船舶管理条例（草案修改二稿征求意见稿）》	2011 - 08 - 17 至 2011 - 09 - 30	1	1
《广东省自主创新促进条例（草案修改稿征求意见稿）》	2011 - 08 - 15 至 2011 - 09 - 08	0	0
《广东省工伤保险条例（修订草案修改稿征求意见稿）》	2011 - 08 - 12 至 2011 - 09 - 21	1	8

〔1〕 参见黄洪旺："我国公众立法参与的制度化研究"，福建师范大学2012年博士学位论文。
〔2〕 参见黄洪旺："我国公众立法参与的制度化研究"，福建师范大学2012年博士学位论文。

第二，目前公众参与的质量不高。特别是地方立法中，公众立法参与活动中虽提出了很多意见，但立法建议质量仍有待提高。所提建议有的不切实际，有的提出的立法项目其实已经制定过了，其中还有不少空洞表态，没有实际内容，或者仅仅针对具体的管理问题，而不是针对法案内容本身，更多收集到的，往往是反映个案问题，把立法征集意见当作信访渠道了。

第三，公众立法参与的范围有限。随着经济社会的发展，需要法律规范的事务日趋复杂，立法的内容涉及也越来越广，涉及政治、经济、文化、资源、自然等各个方面，立法的数量也越来越多。无论是中央立法还是地方立法，立法的数量都急剧膨胀，但是实践中，公众立法参与的范围还很有限。现在草案公开常态化了，但诸如就法律召开立法听证会等其他公众参与形式的，数量还是很少。

第四，公众立法参与的实效性不够。参与的深度和效度，是公众立法参与水平的重要的评价指标之一，指的是公众参与对立法过程的最终结果所产生的实际影响和效应。评估公众立法参与深度的最直观的方法，就是看立法参与过程中，公众所提出的意见和主张，在最终通过的法律法规中得到了多大程度的体现。从以往公众立法参与的实践来看，尽管立法机关日益认识到公众参与的重要性，但不容忽视的是，存在重视公众立法参与的"量"要甚于重视公众立法参与的"质"的现象。公众参与立法活动，表达自己的意见和建议，当然希望自己的意见和建议能够对立法产生实质性的影响。公众立法参与缺乏实效，必然导致立法过程中的公众参与流于形式，而难以产生实际的效应。

三、健全地方立法参与机制

（1）要通过制度明确立法程序中的各项具体参与制度，分别包括：完善立法项目征集和论证制度、建立公众提出法规草案制度、完善公民参与法案起草制度、法律草案公开征集意见制度、立法审议公开制度以及公众参与立法审查制度。地方立法中的公众参与制度如果无法通过制度化的方式予以确立，是难以在实践中贯彻落实的。

（2）确立立法公开制度。立法程序的每一阶段、每一步骤及其阶段性成果都应当以社会外界看得见的方式进行，向社会公开，公众有权知悉并获得立法的有关资料和信息。其中，包括立法项目公开、立法起草公开、法案审议公开、立法文件和资料公开以及立法成果公开。

（3）推进并完善立法旁听制度。要同时推进立法旁听制度的法治化建设进程，拓宽公民旁听立法会议的范围，简化报名手续，改进旁听报名方式，建立旁听公民的意见反馈机制，同时切实保障旁听公民的权利。

（4）完善立法咨询专家制度。要明确立法咨询专家参与的程序和规则，确立并规范立法咨询专家的遴选机制，建立回避制度，完善咨询过程中的信息披露制度，咨询过程应当做到充分的信息披露，同时专家参与的权利无论在哪个环节受到侵犯，都必须具有相应的救济制度，同时也需要建立专家的自律制度。

（5）完善听证制度。要扩大立法听证事项的范围、完善听证人的遴选机制、强化立法听证的辩论色彩，并明确听证的效力或约束力。

（6）确立立法后评估制度的实质效力。应强化立法后评估的民主性，探索委托评估制度，保障评估方式的多元化，同时明确评估内容。

除上述需要注意的方面之外，引导公民的组织化参与，培育公民社会，培养公民的政治素养以及对公共事务的热忱，都非一日之功，而此间大众媒体的作用应该得到足够的重视和保障。

四、需要注意避免过度参与的问题

尽管公众参与对于包括立法在内的公共事务、公共治理和公共生活有着举足轻重的意义，但是需要注意的是，公众参与不是越多越好，同时公众参与存在着许多限制因素，既包括亨廷顿等人提出的参与爆炸、参与危机，也包括讨论已久的"集体困境""政策悼论""理性无知"等：

（1）引导不当可能影响稳定。国家政治制度化程度很低，对政府提出的要求很难或不可能通过合法渠道予以表达，也很难在政治体系内部得到减缓与聚合。因此，政治参与的急剧增长会引起政治不安定。亨廷顿提出如下公式：

政治参与（增长）/政治制度化（低度）= 政治不稳定[1]

政治秩序有其内在的平衡，当社会制度和政治制度的建设无法容纳并在制度内消解参与带来的无序时，必然导致动荡不安。

（2）降低立法效率。民主与效率不可兼得。立法过程中扩大公众参与，可以使得立法决策更为合法化和科学化。但是过多的公众参与往往会影响决策的效率。正如彼得斯所言："公众确实想参与政府决策，但他们也要求政府能够果断、迅速地采取行动。参与会不会成为造成行动迟缓的繁文缛节的另一种形式呢？"[2]

（3）增加立法成本。因立法而产生的人力、物力、财力以及时间、信息等资源的支出，包括直接成本和间接成本。直接成本是立法活动本身所产生的成本，即立法在规划、起草、审查、论证、提案、审议、公布等阶段所耗费的成本，属于立法的基础性成本。公众参与每增加一个环节，立法过程每拉长一步，相应的立法成本都在增加，这个费用国家、社会和公民都要直接或间接承担。

（4）未必形成最优立法方案。公民参与到立法过程中，也有可能因为"理性人"假设的存在，由于种种的限定因素，出现了应然与实然的巨大反差，产生集体困境，导致"政策悖论"的形成。即根据公共选择理论的"理性人"假设，人在集体利益、公共利益和合作行动中，往往是非理性的。即试图把立法科学性和合理性的决定权交给公众参与，在实践中往往是无法达到理想目标的。

（5）民意的真实性或代表性问题。受制于参与代表的选择、参与积极性、参与方式、经济实力以及利益相关度等各种因素，积极参与并且发出声音的未必是最广泛的民意，而最广泛的那个群体有可能恰恰是沉默的大多数。例如时任北京市法制办主任周继东曾谈到："在北京市养犬管理规定征求意见期间，网上的意见主要是养犬的人提出的，而到居民区座谈的时候发现一个小

---

〔1〕〔美〕塞缪尔·亨廷顿：《变革社会中的政治秩序》，李盛平等译，华夏出版社1988年版，第55~56页。

〔2〕〔美〕B. 盖伊·彼得斯：《政府未来的治理模式》，吴爱明、夏宏图译，中国人民大学出版社2001年版，第69页。

区里真正养犬的户数只有不到30%"。

(6) 可能导致多数人暴政。正如麦迪逊所言:"在一个共和国里,保护社会成员不受统治者的压迫固然重要,保护某一部分社会成员不受其他成员的不正当对待,同样重要。在不同的社会成员之间一定存在不同的利益。如果大部分成员联合起来,那么少数群体的权利就会得不到保障。"[1]

第四节　地方立法协调机制

地方立法协调机制从概念上来讲包括两类,一类是行政区域内的地方人大内部、地方人大与政府、社会组织以及公民在立法过程中的协调和组织机制,另一类是区域间的地方人大协同立法或者说立法协作的过程中所需要并建立的地方立法协调机制。由于现代公共事务治理的复杂性、开放性以及相互关联性,多数行政领域的外部边界和内部分工都不可能达到绝对的泾渭分明,而是呈现出跨领域、跨部门、跨区域的特征。协调的必要性源自现代社会分工的必然性、社会事务的复杂性以及专业划分的精细化。早在二十世纪三四十年代,马克斯·韦伯的科层制结构实质上便是一个在当时历史背景下的分工体系。从政治发展的角度来看,政治结构的分化本身就是政府发展的一个重要指标,"一个结构上分化的政治体系,将日益增强其影响国内外环境的能力"。[2]现代政府以职能为主要依据的部门划分,在应对综合性事务尤其是公共服务时呈现出碎片化弊端,而不同部门间的权责不清、职能交叉等问题也成为历次行政体制改革的重点问题。相对于合并建立单一机构体系,协调合作的优势在于[3]:①不涉及现有机构组织的调整及变动,成本较低;②不影响其他机关日常的工作,政治上更容易接受;③维持多部门架构,更能够应对复杂性、多样性和广泛性的问题;④更重要的是,有效的协调合作不仅能够解决部门间职能交叉重叠带来的问题,而且能够扬长避短、充分发

---

〔1〕 [美]麦迪逊等:《联邦党人文集》,程逢如等译,商务印书馆1950年版,第50页。

〔2〕 [美]加布里埃尔·A.阿尔蒙德、小G.宾厄姆·鲍威尔:《比较政治学——体系、过程和政策》,曹沛霖等译,东方出版社2007年版,第22页。

〔3〕 参见张翔:"中国政府部门间协调机制研究",南开大学2013年博士学位论文。

挥多部门的优势。

地方立法目前存在的协调问题，既包括内部的协调，也包括与行政机关及其他社会组织等的协调，还包括就区域共同问题与其他行政区内的地方人大的协调问题。

一、立法机构内部协调机制

当前立法机关的内部设置基本上包括法制委员会及各专门委员会，立法过程中的各项工作一般由他们负责。专门机构人员主要负责对接政府及其他有关部门，法制委员会则主要根据专门机构和其他相关主体意见对法规条文进行修改以及形式上的审核，缺乏建议权。以湖北省为例，省人大常委会（主任会议）对法规案能否纳入会议议程具有很大决定权，上述两大不同类别机构在省人大常委会的领导下行使相关职责。但目前专门委员会与法制委员会的工作并未形成有效对接，专门委员会主要起到一种资料收集的作用，而法制委员会则主要是将意见和建议以法律条文表述出来，二者之间缺乏相应的分工合作，且目前的职能划分也无法凸显出专门委员会和法制委员会各自的专业优势。立法机构间的分工形成相互掣肘，影响了立法工作效率。[1]

就地方立法机关内部的协调而言，可以从以下几个方面改进：

第一，提高立法工作人员的专业化水平。以湖北省为例，尽管 2008 年以来，湖北省人大对立法工作逐步重视，但相关立法专门人才的配备依然有待加强。在湖北省人大，具有一般地方立法决定权的人大常委会组成人员多由省委、省政府高级官员转任而来，较少具有法律背景。在湖北省第十二届人大常委会一正八副的主任人选中，仅有 2 人为中央党校法学专业在职研究生毕业，且并无实际政法工作经验。由此导致现实中立法不讲方略，立法决策与政治决策、行政决策极为相似。由于立法行为缺乏宏观和总体把握，导致立法的前瞻性和协调性不足。在法制委员会能力欠缺的情况下，甚至还出现过法律表述不规范、内部结构不科学等技术问题，以及人大立法与政府规章

---

[1] 参见吴理财、方坤："地方立法体制机制创新：现状、问题和出路——基于湖北省地方立法实践的研究"，载《地方治理研究》2016 年第 1 期。

相似性的问题。在设区的市一级，除武汉市因为是较大的市而较早获得立法权，配备了一定的法律专门人才外，其余 11 个设区的市尚未设置专门立法机构，立法工作专门人才亟需补充[1]。

第二，明确内部分工和权限，提高专业化人员的实质参与程度和效果，提高立法机关对立法过程的主导能力。根据《广东省地方立法条例》第二章、第三章的规定，地方立法程序包括地方性法规案的提出、地方性法规案的审议、地方性法规案的表决和地方性法规案的公布，其中各个环节都涉及立法机关的内部职能分工及合作，以确保流程的对接和流畅。目前广东省人大共设置七个专门委员会、四个工作机构、一个办事机构、一个省依法治省工作领导小组办公室，其职责可以通过表格显示如下：[2]

广东省人大主要部门职权	
（一）专门委员会职权	
1. 法制委员会	对列入省人民代表大会和省人民代表大会常务委员会会议议程的本省地方性法规案进行统一审议，并向省人民代表大会主席团或者省人民代表大会常务委员会提出审议报告、地方性法规案修改稿及表决稿；
2. 内务司法委员会	参与内务司法立法工作；对内务司法部门有关工作情况和执法情况开展调查研究，提出意见和建议；组织、督促办理同本委员会有关的议案，并提出初审意见；审理人民群众的申诉和控告；承办对内务司法部门办案情况的监督工作和人大代表的有关建议、批评和意见；
3. 财政经济委员会	参与经济立法工作；承办对经济法律、法规实施情况的监督检查及对国民经济重大问题进行调查研究，提出意见和建议；

---

[1] 参见吴理财、方坤："地方立法体制机制创新：现状、问题及出路——基于湖北省地方立法实践的研究"，载《地方治理研究》2016 年第 1 期。

[2] 根据 2009 年 2 月 9 日广东省人大网站公布内容制作。

广东省人大主要部门职权	
（一）专门委员会职权	
4. 环境与资源保护委员会	参与城乡建设环境与资源保护方面的立法工作；承办对省人民政府、省高级人民法院、省人民检察院在城乡建设环境与资源保护方面执行宪法、法律、法规和省人大常委会决议的情况，以及对城乡建设环境与资源保护工作中的重大决策和部署进行监督检查，提出报告；
5. 农村农业委员会	参与农村农业经济立法和农村行政立法工作；承办对省人民政府、省高级人民法院、省人民检察院在农村农业方面执行宪法、法律、法规和省人大常委会决议的情况，以及对农村农业工作中的重大决策和部署进行监督检查，提出报告；
6. 教育科学文化卫生委员会	参与教育、科学、文化、卫生事业立法工作；承办对省人民政府、省高级人民法院、省人民检察院在教育、科学、文化、卫生事业方面执行宪法、法律、法规和省人大常委会决议的情况，以及对教育、科学、文化、卫生工作中的重大决策和部署进行监督检查，提出报告；
7. 华侨民族宗教委员会	参与侨务、民族、宗教方面的立法工作；承办对省人民政府、省高级人民法院、省人民检察院在侨务、民族、宗教工作方面执行宪法、法律、法规和省人大常委会决议的情况，以及对侨务、民族、宗教工作中的重大决策和部署进行监督检查，提出报告。

（二）广东省人大常委会工作机构职权	
1. 选举联络人事任免工作委员会	参与有关人大选举、人事任免和代表工作方面的立法工作；办理有关人大选举工作、代表工作和人事任免工作的议案，提出初审意见，负责省人民代表大会及其常委会依法进行选举和罢免的有关工作，指导下级人大及其常委会的选举工作；
2. 外事工作委员会	参与地方外事立法工作；承办对省人民政府、省高级人民法院、省人民检察院在外事工作方面执行宪法、法律、法规和省人大常委会决议的情况，以及对外事工作中的重大决策和部署进行监督检查，提出报告；
3. 法制工作委员会	拟制立法计划，审核广东省地方性法规草案并提出具体修改意见，征求对法规草案的意见，收集整理立法工作资料，拟定法规草案和法规解释草案，组织召开立法座谈会、论证会、听证会，对有关具体问题的法规询问进行研究并予以答复等；
4. 预算工作委员会	承担省人大及其常委会审查预决算、审查预算调整方案、监督预算执行和有关地方性法规草案起草、审议方面的具体工作。
（三）广东省人大常委会办事机构职权	
省人大常委会办公厅	负责常委会党组和常委会主任会议决定事项及常委会领导交办事项的组织实施和督促、检查；协助秘书长、副秘书长组织机关日常工作；协调各委员会的工作关系；负责常委会机关文秘、信访、人事、保卫、接待、财务及机关后勤工作；负责省人民代表大会、常务委员会会议、主任会议及有关重要会议的会务工作。

续表

（四）广东省人大常委会依法治省工作领导小组办公室	
省依法治省办	对依法治省规划、工作计划和工作任务的落实情况及完成情况进行督促检查；督促开展依法治省宣传教育；联系指导各市、县（区）依法治理办公室工作，对依法治省工作进行调查研究，提出建议，为依法治省工作领导小组决策提供依据；总结推广依法治理的典型经验等。

以上为广东省人大目前下设的厅局级工作部门以及各自的权限及分工范围，各部门分别下设业务处室分担不同职责。通过对比可以发现上述分工离清晰和明确的标准仍有差距，职能多有重叠，必然导致实践中在具体立法事项上的冲突或推诿。因此，根据本地立法实践对省人大内部机构的职权与分工进行明晰化，是发挥省人大对地方立法主导作用的前提和基础。

第三，建立必要的内部协调机制，形成有效对接。分工与协作是政府部门间关系的两个纬度，也是一对基本矛盾，并生共存。从二十世纪三四十年代开始，随着科学管理理念在公共行政领域的兴起，通过分工提高政府效率广受关注，韦伯、古利克、涂尔干等人都从政府发展和现代化的角度对分工进行了研究。尽管分工是协作的前提与基础，但分工导致的部门碎片化的后果也随时被同时期及以后的学者发现并予以重视，因此"构建政府部门间协作关系的努力几乎与行政分工的努力一样久远"。[1]平行部门之间的合作与协调意识普遍不强，是当前各个领域的部门合作都存在的普遍性问题，立法部门也同样存在。从上述表格中不同部门之间存在的职能重合便可推知。应充分完善既有内部协调机制的作用，明确内部协调的工作制度和工作程序，包括启动机制、会议制度、信息发布制度、协调方式等具体工作程序；同时对协调工作中所涉及的部门的配合程度、参与程度以及执行程度等建立可量化的评估和监督指标，并纳入其各自的考核体系。

---

〔1〕　张翔："中国政府部门间协调机制研究"，南开大学2013年博士学位论文。

二、立法机关与外部组织的协调

机制要求地方人大更好地发挥主导作用，健全行政机关、社会组织以及社会公众等参与地方立法各个环节的协调、组织及引导机制，形成实质性的参与，并对立法过程形成有效制约和补充。其中地方性法规案的提出包括立法规划和计划的编制、立法项目的提出以及地方性法规案的起草等环节，以广东省地方性法规案的起草机制为例，广东省一直致力于在完善人大专门委员会和常委会工作委员会、政府有关部门和单位起草制度的同时，探索委托起草制度，建立多方参与、开放式的法规起草机制，目前主要的起草方式包括：人大主导起草、职能部门起草、联合起草和委托起草，涉及人大与职能部门、政府相关机构、社会组织、专家学者以及其他社会相关人员等不同类型部门、组织和人员的协调，以保障立法流程的顺利推进和地方性法规案的质量，同时也要保证地方立法的民主性与科学性。

三、区域立法协调

随着区域经济一体化的发展及政府间协作的加强，以及环境保护、公共交通、水域治理等跨区域公共事务的增加，地方立法协作及立法协调作为地方治理模式转型的重要内容也提上日程，要求各地方立法机关在实践中探索多种方式的区域立法合作及协调机制。2015 年 5 月京津冀三地人大常委会联合发布《关于加强京津冀人大协同立法的若干意见》（以下简称《意见》），该意见的发布是推动区域联合立法以及区域立法协同发展机制建设的重要举措。京津冀人大协同立法主要是通过发挥三地人大立法的职能，在平等自愿的基础上进行合作，对京津冀三地协同发展中的社会公共利益与公共事务作出协调性的安排。[1]《意见》对需要京津冀三地人大常委会共同推进的几项工作进行了部署，提出构建与协同发展相互适应、相互支撑、相互促进的协同立法机制，加强重大立法项目联合攻关，建立三地轮流负责的京津冀协同立法组织保障机制。主要是要解决几个问题：一是把交通一体化、生态环保、

---

〔1〕 焦洪昌、席志文："京津冀人大协同立法的路径"，载《法学》2016 年第 3 期。

产业升级转移等问题作为协同立法的重点，加强联合攻关；二是加强立法沟通协商，实现立法成果共享，降低立法成本，提高立法质量与效率；三是贯彻优势互补、互利共赢、区域一体原则，整合立法资源，弥补立法人才短缺的不足，最大限度地发挥协同推进优势。[1]在区域经济一体化以及国家大力打造粤港澳大湾区的背景下，充分发展立法协调机制，推进大湾区立法合作及立法一体化，为经济发展提供制度保障，是未来地方立法机关不可推卸之责。

第五节　地方立法激励机制

地方立法激励主要包括三个层面的内容，分别是对立法工作者立法立项的激励、对立法工作者立法创新的激励以及对公众立法参与的激励，其中前两项主要是针对立法机关和立法工作者，后一项主要是针对社会力量和社会公众。目前从全国范围来看，立法激励机制不健全是普遍现象，导致的后果便是地方人大法制委员会、专门委员会等缺乏主动寻求立法立项的动力，在已经立项的法律草案上，对法制委员会和专门委员会需要如何进一步调研、完善、补充等问题并未作出明确的要求，导致立法调研等工作缺乏制度性动力支持。

一、地方立法立项激励机制

地方立法立项激励机制是指通过考核、奖励等方式，促成立法机关、立法工作者以及其他主体积极主动寻找立法项目的机制。广东省第十二届人大常委会研究制定了《广东省人民代表大会常务委员会立法论证工作规定》，对地方立法立项的论证程序、论证标准以及论证结论进行了详细规定。其中地方立法立项的主要来源包括：人大代表、常委会组成人员以及各政党、各社会团体、各企事业组织、公民、政府各部门、各机构等，在对上述主体的立

---

〔1〕　周宵鹏："京津冀人大协同立法重大项目联合攻关"，载《法制日报》2015年5月5日，转引自：中国新闻网：http://www.chinanews.com/fz/2015/05-05/7252362.shtml，最后访问日期：2017年6月17日。

法建议项目进行先行研究的基础上，人大各专门委员会、常委会各工作委员会以及政府法制机构提出是否需要进行立项论证的意见，经常委会法制工作机构组织立项论证后，提出立项论证报告并印发常委会主任会议，作为确定立法规划立法项目的参考材料。各个部门、组织以及公民个人积极参与立法项目意见的提出是整个立法过程的前提和起点，通过地方立法立项激励机制的设置，鼓励相关主体积极寻找和研究立法立项建议，提出高质量的、更符合地方治理需求的立法立项建议，对于提高地方立法质量和立法参与水平是至关重要的。

二、地方立法创新激励机制

地方立法创新激励机制是指促成立法工作者积极主动寻找立法创新、提高立法质量的相关制度因素。在立法机制创新方面，各地方多有努力，但因无相应的激励制度保障，这些创新大都不了了之，难以持久。2009 年前后，湖北省人大及武汉市人大也曾尝试与中南财经政法大学、武汉大学等高校法学院系进行立法合作实践，以委托立法草案起草、联合开展立法调研、建立地方立法研究机构等形式进行立法创新，但最终没能够很好的坚持。2013 年开始，广东省人大开始与中山大学、华南理工大学、华南师范大学、广东外语外贸大学以及广州大学建立省立法服务与咨询评估基地，并陆续将五个立法基地扩展至九个，同时鼓励省内各地方人大就近与高校、科研院所等建立合作关系，探索委托立法基地起草立法草案、提供立法修改意见、提供立法前后评估报告、参加立法调研以及委托进行立法培训等多种新的合作方式及立法机制创新，运转三年来效果明显。但是否能够通过正式的制度确立下来，并在未来坚持并不断予以完善，使得立法基地更充分地参与到地方立法活动中，切实为地方立法和地方立法理论研究贡献力量，仍需进一步的观察和完善。

三、地方立法参与激励机制

地方立法参与激励机制主要指向体制外社会力量的立法参与，这种激励包括对立法工作者扩大参与的激励和对社会力量立法参与的激励。当前社会力量参与立法的主要形式为立法草案媒体征询和听证会、座谈会、论证会等活动，主要由省人大常委会各专门委员会负责执行，但对专门委员会采取何种形式征求意见并没有硬性要求，对相关参与活动缺乏量化考核指标，也缺乏相应的激励措施，导致听证会、座谈会、论证会等多流于形式。社会公众参与地方立法多因个人兴趣或被视为政治义务，对因参与立法活动造成的个人生产生活损失并无相关补偿，导致社会公众参与积极性不高。日常政治社会生活中，社会公众的立法参与更多采取行政摊派形式，在行政事业机关选取相关人员参与，这种强制性做法使得参与者很难在心理上关心立法内容，极大损害了立法参与的实效。[1]

具体而言，建立健全地方立法激励机制可以从以下几个方面着手：

第一，建立内部考核和激励机制，相对细化考评指标，将立法前后评估结果与立项、起草、调研等部门及工作人员的工作挂钩，通过多种奖励形式鼓励地方人大各专门委员会及工作人员等发挥主观能动性，积极寻求立法立项、开展立法调研、提高立法质量。

第二，确立立法参与补偿制度。对于因参与地方立法活动而导致的经济损失给予一定的补偿。同时积极探索创新多种方式的奖励和补偿形式，调动社会公众参与立法的积极性。

第三，设立相应的地方立法创新奖项，对于地方立法中的机制创新给予公开的表彰和奖励。

第六节　地方立法监督机制

一、我国地方立法监督的主要形式

在我国的政治制度中，人民代表大会作为国家的权力机关和立法机关，处于国家政治结构的最高地位。监督权作为人民代表大会的四大主要职权之一，是人民代表大会进行国家管理的重要方式。根据《宪法》《立法法》《中

---

〔1〕 吴理财、方坤："地方立法体制机制创新：现状、问题及出路——基于湖北省地方立法实践的研究"，载《地方治理研究》2016年第1期。

华人民共和国行政诉讼法》（以下简称《行政诉讼法》）《行政复议法》等的规定，我国目前的立法监督制度类似于混合体制，既包括抽象审查和具体审查，也包括事前审查和事后审查，且监督主体多元。概括而言，主要包括以下几种：[1]

第一，批准。立法过程中的批准是指有关国家机关制定的规范性文件，需要报其他有关国家机关同意后才能颁布生效和实施的制度和活动。批准能够有效预防立法冲突，可以作为立法活动的事先监督程序，是最严格的立法监督程序。在规范性法律文件批准过程中所涉及的审查内容主要是合法性问题。

第二，备案与审查。立法过程中的备案是指有关国家机关将其通过或批准的规范性文件交由其他有关国家机构登记、存档，以备审查的制度。备案的目的是为了加强对立法的监督管理，对立法状况进行全面了解。审查是指对已经公布生效的规范性法律文件的合法性、适当性进行检查和监督的制度和活动。审查所导致的法律后果包括：被审查的规范性法律文件因合法和适当而继续实施；被审查的规范性法律文件因不合法和不适当而被改变和撤销。审查的启动一般包括以下几种情况：一是因法定职权主动提起的审查；二是有关国家机关、社会团体和企事业组织以及公民提出进行审查的建议，从而启动审查程序；三是因接受备案机关对报送备案的规范性法律文件主动进行审查，从而启动审查程序。

第三，裁决。立法过程中的裁决是指处于同一位阶的各种规范性法律文件之间的规定不一致，不能确定如何适用时，有关国家机关依法经过裁决，决定适用某一规范性法律文件的制度和活动。该制度解决了在法律规定不一致的情况下规范性法律文件的遵守和适用的问题，即适当性的问题。

第四，行政复议中对规范性文件的审查。行政复议机关可以根据相对人的复议申请，一并审查规章以下的规范性文件，或者通过行政复议发现线索，引起行政立法监督。

第五，行政诉讼中的有限审查。有限审查包括两种，一种是直接审查，

---

[1] 参见刘莘主编：《立法法》，北京大学出版社 2008 年版，第 353~359 页。

还有一种是参照适用。《行政诉讼法》第 53 条规定，公民、法人或者其他组织认为行政行为所依据的国务院部门和地方人民政府及其部门制定的规范性文件不合法，在对行政行为提起诉讼时，可以一并请求对该规范性文件进行审查。前款规定的规范性文件不含规章。第 64 条规定，人民法院在审理行政案件中，经审查认为本法第五十三条规定的规范性文件不合法的，不作为认定行政行为合法的依据，并向制定机关提出处理建议。这两条规定了行政诉讼中对规章以下的规范性文件的直接审查。第 63 条规定，人民法院审理行政案件，以法律和行政法规、地方性法规为依据。地方性法规适用于本行政区域内发生的行政案件。人民法院审理民族自治地方的行政案件，并以该民族自治地方的自治条例和单行条例为依据。人民法院审理行政案件，参照规章。其中参照的意思就是规章合法便依据，不合法就不依据，即实际上的搁置。当然前提是，该案中还有可以适用的上位法，如果没有上位法，两个规章又不一致，法院是不能直接适用其中任何一个规章的，只能由最高人民法院送请国务院对两个规章进行解释或者裁决。

二、我国立法监督机制存在的主要问题

第一，从全国性的体制而言，我国目前缺少对权力机关及其常委会的监督或者说限制。我国目前的立法监督体系是以人大为中心的、自上而下的、单向性的立法监督体系，在设置中忽略了对立法权的制约，立法机关实际上是自己监督自己。另外，在上述监督制度中，除批准之外，都是事后审查，或者说事后监督，因此探讨立法监督由事后向事前延伸是必要的，另外备案审查的主体过多也会带来权限设置和审查决定的冲突。

第二，目前的立法监督主要依靠内部层级监督，而外部的监督机制不完善。地方性法规和规章的备案制度，包括备案的范围、备案审查的机构、审查的内容、审查的方式以及审查结果的处理等都应当有明确的规定和依据，另外对于不及时报备的地方法规和政府规章等的约束方式也值得进一步探讨。在当前地方人大的设置之下，实际上难以具备对报备规范性文件的实质审查条件，人手数量、工作人员的专业素质等都需要进一步提高。

第三，从立法程序监督和立法实质监督两个层面考察湖北省的立法监督实施情况，可以发现：在立法程序监督方面，湖北省近年对重要法规草案实行"两审三通过"制度。重要法规草案一般经过常委会会议两次审议后，再提交常委会第三次会议进行表决，以便"两审"之后有足够时间充分吸纳常委会组成人员的审议意见。同时，实行立法中评估制度，每部法规表决之前，由第三方对法规出台时机、社会效果、条款规定、制度廉洁性等进行评估，避免立法决策失误和瑕疵。但是，由于近年经济社会发展进程不断加快，在东湖高新技术开发区、武汉城市圈等重点项目的立法过程中，为加快相关法律法规出台，仍然存在一定的立法时间紧凑、立法程序过急的情况。对立法实质监督问题，近年来，省人大常委会根据调研反馈情况及相关意见、建议，对50多部法律法规进行了修订，更好地适应了湖北经济社会发展的需求。可以说湖北省在立法质量监督方面还是卓有成效的。在立法结果监督方面，湖北省显得相对薄弱，主要表现在立法文本地域色彩不突出。尤其是在行政管理与公用事业管理立法方面，很多文本存在直接"照搬"全国性法律文件的特点，湖北地域特色不突出。如《湖北省消防条例》与《中华人民共和国消防法》、《湖北省邮政条例》与《中华人民共和国邮政法》等就存在极大的内容雷同。这反映出省人大立法在地域特征方面挖掘不够，立法结果监督有待提升。[1]

第四，新《立法法》修订后，对较大的市的地方立法权的监督也出现一些新的问题，主要表现在批准阶段的审查越位和缺位的问题同时存在；其次，备案审查条款基本沦为具文；最后，司法审查面临地方性法规膨胀的压力[2]。

三、地方立法监督机制的完善[3]

第一，增强省市两级人大常委会的合法性审查力量，特别要强化其法制机构及其他专门工作机构的审查能力。首先要增加省级人大常委会专门机构

---

〔1〕 参见吴理财、方坤："地方立法体制机制创新：现状、问题及出路——基于湖北省地方立法实践的研究"，载《地方治理研究》2016年第1期。

〔2〕 参见方小刚："较大的市人大及其常委会立法权的法律控制"，华东政法大学2015年博士学位论文。

〔3〕 本部分主要参考方小刚："较大的市人大及其常委会立法权的法律控制"，华东政法大学2015年博士学位论文。

特别是法制机构的编制人数，其次省级人大常委会法制机构还要改善自身的结构，进一步细化分工，并且与其他专门委员会形成审查的合力。

第二，吸取各地合法性审查的经验，在法治原则的指引下，建立起一套完备的审查标准。目前各省、自治区的地方性法规制定条例对《立法法》所规定的"不抵触"原则的认识是不统一的，有的甚至只是照搬《立法法》的条文，造成地方人大在行使监督权时缺乏明确的审查标准。因此，在地方实践中逐渐建立并完善审查标准，是行使立法监督权的基础和依据。

第三，推进立法公开，强化公众参与及社会监督的力量。公开审查的过程和结果，通过听证会、论证会等形式让公众参与到审查进程中，是化解事先审查的固有缺陷的有效方法。另外为体现差别化的法律控制层次，社会力量参与审查的机制应该区分为省、市两层。一方面，各设区的市人大常委会的法制机构可以在对法规草案的初审中组织听证会、论证会；另一方面，各省级人大常委会的法制机构也可以在法规草案的报批过程中组织各种公众参与会议。这些听证会、论证会所邀请的陈述人应当包括以下几个方面的人员：人大常委会的专门机构代表、起草法规案的机构代表、法规案设定的执法部门的代表、其合法权益与法规案直接相关的组织和公民代表、对法规案有深入研究的专家或律师等。

第四，将司法审查机制与备案审查机制进行对接，让司法成为监督地方立法的重要制约力量。应当建立各级地方法院的司法审查与省级人大常委会备案审查的对接机制。如果法院在具体案件的审判中发现设区的市法规的合法性问题，那么将采取两方面措施：一方面，法院应当直接适用上位法对案件进行审判，排除违法的设区的市法规的适用；另一方面，法院应当向省级人大常委会提出审查该法规的要求，由省级人大常委会对之加以审查，并最终提交全国人大常委会做出是否全部或部分撤销的决定，以彰显审查中的人大立法机关的权威。

第五，赋予省级人大常委会初步的宪法监督和法律监督权。全国人大常委会可以通过宪法解释和立法解释，明确地方人大常委会的备案审查权包含初步的宪法监督权和法律监督权，促进宪法监督和法律监督在省级行政区划的先行先试。

四、作为地方立法监督机制的前后评估制度——以广东省为例的研究

《立法法》第 39 条和第 63 条分别对表决前评估和立法后评估作出了规定。广东省人大常委会也在立法评估方面进行了积极探索，2013 年通过《广东省人民代表大会常务委员会立法评估工作规定（试行）》，对地方立法对表决前评估和立法后评估作出了规范。目前广东省地方立法评估除自主评估外，表决前评估主要委托 9 个地方立法研究评估与咨询服务基地进行，立法后评估主要由 4 个地方立法社会参与和评估中心[1]进行，在此过程中充分借助第三方力量，保证评估的中立性和专业性。[2]

（一）地方立法表决前评估

根据《立法法》第 39 条的规定："……在法律委员会提出审议结果报告前，常务委员会工作机构可以对法律草案中主要制度规范的可行性、法律出台时机、法律实施的社会效果和可能出现的问题等进行评估……"根据《广东省人民代表大会常务委员会立法评估工作规定（试行）》第 2 条的规定，表决前评估指的是地方性法规案提请省人大常委会表决前，对法规案出台的时机、立法可能产生的社会影响等进行预测和研判的活动。其中，第 6 条和第 7 条分别规定了表决前评估的方式和评估内容：

1. 广东省地方立法表决前评估的方式

表决前评估由省人大常委会法制工作机构组织开展，通过召开座谈会、论证会、咨询会等方式听取各方意见。参与表决前评估的人员由省人大常委会法制工作机构根据法规案的具体情况和一定的代表性、广泛性的原则，从人大代表、专家学者、利益相关方和有实际工作经验的人员中选取。表决前评估根据需要委托广东省地方立法研究评估与咨询服务基地或者其他具备评估能力的科研机构、中介组织、行业协会等开展。

---

[1] 2014 年广东省人大常委会与省法学会、省工商联、省律师协会、省青年联合会这 4 个分别代表法学界、工商界、律师界和青年群众的社会团体，合作建立了 4 个地方立法社会团体参与的评估中心，除参与重要法规的起草、征求意见、论证等工作外，重点是开展相对中立的立法后评估工作，对法规的实施、修改、废止等提出客观公正的意见和建议。

[2] 参见黄龙云主编：《广东地方立法实践与探索》，广东人民出版社 2015 年版，第 231 页。

2. 广东省地方立法表决前评估的主要内容

表决前评估主要是对法规案进行总体评价，主要围绕三个方面展开：一是法规案出台的时机是否适宜，是否与本省经济社会发展水平相适应，是否具备相应的实施条件，相关配套措施是否能及时到位；二是法规案通过后对本地区改革发展稳定可能产生的影响；三是可能影响法规实施的重大因素和问题等。

（二）地方立法立法后评估

《立法法》并没有对立法后评估的概念、内容以及方式等进行具体规定，《广东省人民代表大会常务委员会立法评估工作规定（试行）》第2条对地方性法规的立法后评估进行了概念界定：立法后评估是指地方性法规实施一段时间后，对法规质量、实施效果等进行跟踪调查和综合研判，并提出意见的活动。并通过第9条至第17条对地方立法后评估的范围、决定主体、评估主体、评估方式、评估内容、评估报告等进行了具体规定，对地方立法后评估实践进行规范和指导。

1. 地方立法后评估的范围

并非所有的地方性法规都需进行立法后评估，第9条将需要开展立法后评估的情形规定为5种，分别是：对社会稳定、经济调控、生态环保有重大影响的；直接关系公共安全和公共利益的；立法时的社会环境发生重大变化的；人大代表、政协委员和社会公众、有关组织反映问题比较集中的；执法检查发现问题较多的。第6款作为兜底条款，即其他需要评估的情形。开展立法后评估由省人大常委会法制工作机构提出建议后，由省人大常委会主任会议决定。

2. 地方立法后评估的主要内容

根据第15条规定，地方立法后评估的主要内容主要包括3项：一是法规实施的基本情况，包括行政执法、配套性文件制定、所取得的社会和经济效益、实施过程中遇到的问题等情况；二是法规中涉及的行政许可、行政处罚、行政强制、行政收费、机构编制、职能分工、经费保障等重点制度的针对性、可操作性、是否达到立法目的等情况；三是法规存在的不足等。

广东省关于地方立法后评估的规定，充分体现了中立性和专业性的特点，并充分利用专业机构和第三方组织的力量和优势，强调立法后评估应当向社会公开，采取听取汇报、召开座谈会、实地考察、专家咨询、专题调研、问卷调查等方式，广泛听取社会各方面意见。

（三）作为地方立法监督机制的前后评估机制

立法效果评估制度从工业组织引入立法领域，源自二十世纪七八十年代优化立法的尝试，从最开始主要针对法律实施对经济和环境造成的影响慢慢扩展到对经济、社会、环境等的综合性和全面性的评估，并逐步制度化、固定化。综合来看，国外存在的立法效果评估制度，是指对计划中的和已经生效的法规的效果进行估计和对比性评价的一种程序。它包括三大组成部分：先行立法效果评估、跟踪立法效果评估和事后立法效果评估，其中先行立法效果评估制度是针对规范的各种可能方案进行前瞻性效果评估的程序，跟踪立法效果评估制度是针对法律草案进行前瞻性效果评估的程序，事后立法效果评估制度则是针对已生效的法规进行回顾性效果评估的程序。[1]

地方立法表决前评估的意义和价值主要体现在提高地方立法质量、扩大公众参与等方面，通过事先评估，预测法规实施后可能对经济、社会、环境等产生的影响，从而及时调整法规制度的具体制度涉及，避免法规实施后产生不可逆转的重大问题。由此，表决前评估对地方立法的监督意义也主要体现在对地方立法质量以及程序等方面。

相对而言，地方立法后评估的监督意义体现得更为充分和重要。立法后评估制度的目的在于检测已经实施一段时间后的地方性法规，就法规本身的规定是否科学、是否存在与上位法冲突或抵触的情形、是否存在超越地方立法权限的问题、公众遵守和认可程度、法规实施后对本地政治、经济、社会以及环境造成的影响等问题进行科学、中立、具体的论证和评估，在此基础上形成立法后评估报告，作为法规及时修改或废止的依据。而来自各个领域的评估人员参与评估的过程，本身便是对地方立法的直接监督。例如，2014年广东省人大常委会委托省法学会、省工商联对《广东省安全生产条例》进

---

〔1〕 参见章挥："地方立法后评估制度研究"，苏州大学 2010 年硕士学位论文。

行了立法后评估，评估发现该项法规实施效果总体不错，条例实施以来全省各类生产经营性事故发生率同比分别下降5.7%，"一岗双责"等制度设计也取得相应的效果。但是一些具体法律制度在合理性和可操作性方面存在一定欠缺，如条例的规定没有区分企业的类型、规模并据此设计分类管理制度，关于生产经营单位安全生产管理机构设置规定注重考虑与企业的从业人数挂钩，但与企业的行业性质和危险程度结合的紧密度和合理性方面有所欠缺，对生产经营单位从业人员的权利义务规定与要求其承担的法律责任的规定不完全对等。此外，在与上位法的协调方面也存在问题。[1]

---

〔1〕 参见黄龙云主编：《广东地方立法实践与探索》，广东人民出版社2015年版，第248页。

第六章　地方立法技术

第一节　概　述

一、地方立法技术的概念

要界定地方立法技术的概念，首先要探究什么是立法技术。

立法技术是立法学体系中非常重要的组成部分，我国几乎所有关于立法学的教材和专著都会或多或少地涉及。综合来看，有关立法技术的认识可以作如下分类。

第一，就立法技术的基本属性而言，可以分为"活动说"、"过程说"、"规则说"和"方法技巧说"。[1]其中"活动说"将立法技术视作一种特殊的活动。如罗马尼亚法学家纳舍茨认为，"广义的立法技术是国家制定法律的细则、表达法律规范的内容和形式方面的特殊活动。"立法技术的"过程说"着眼于立法原则和法律条文的转换过程。如我国台湾地区立法学者罗成典将立法技术表述为"依照一定之体例，遵循一定之格式，运用妥帖之词语（法律语言），以显现立法原则，并使立法原则或国家政策转换为具体法律条文之过程"。"规则说"则将立法技术定性为特定的"规则"，持该说的苏联和东欧学者较多。如苏联法学家科瓦切夫和凯里莫夫分别将立法技术界定为"确定如何建立法的结构的规则的总和"，"是在一定的立法制度中，历史地形成最

---

〔1〕　参见徐向华主编：《立法学教程》，上海交通大学出版社2011年版，第286页以下。

合理的制定和正确表述法的规定和条文以达到最完善表述形式的规则的总和"。中国大陆地区和美、英学者多倾向于"方法技巧说",即将立法技术作为一种专门的方法和技巧来看待。[1]

第二,从立法技术的外延范围来看,可以分为"广义说"、"狭义说"和"中义说"。广义上的立法技术,指"同立法活动有关的一切规则",包括规定立法机关组织形式的规则、规定立法程序的规则和关于立法文件的表述和系统化规则等。[2]狭义上的立法技术仅仅指称立法文件的表述和系统化规则,[3]"仅指法在起草、制作、修改、废止以及文体选择和系统化过程中的技术内容"。[4]周旺生教授认为这两种解释要么把立法技术的范围划得过大,连立法程序规则、立法机关组织规则也当作立法技术,混淆了立法技术与立法制度尤其是立法规则的界限;要么把立法技术的范围看得过小,否定立法活动过程中除营造法的结构技术之外的其他方法和操作技巧也属于立法技术。在他看来,立法技术是立法活动中所遵循的用以促使立法臻于科学化的方法和操作技巧的总称。[5]

实践中,全国人民代表大会常务委员会法制工作委员会先后于2009年和2011年发布了《立法技术规范(试行)(一)》(法工委发〔2009〕62号)和《立法技术规范(试行)(二)》(法工委发〔2011〕5号),一些地方也出台了有关地方性法规的立法技术规范,如《广东省人民代表大会常务委员会

---

〔1〕 如我国立法学专家吴大英研究员等将立法技术界定为"在立法工作的实践过程中所形成的方法、技巧的总和";谷安梁先生将立法技术进一步精确化为"在立法工作实践中形成的关于立法工作的方法和技巧";曹叠云博士则在认同立法技术是一种方法和技巧之总合的同时,强调"立法技术不同于立法技术法规……还不同于立法技术立法",因为立法技术本身并非都表现为"规则",亦不是一种"活动"。我国台湾地区学者罗传贤将立法技术定义为"应用法学原理,依照一定的体例、遵循一定的格式,运用妥当的词语,以显现立法目的,并使立法原则或国家政策转换为具体法规条文的技巧","简言之,所谓立法技术即达成立法目的之手段与技巧。"参见吴大英、任允正:《比较立法学》,法律出版社1985年版,第207页;谷安梁主编:《立法工作概论》,蓝天出版社1990年版,第251页;曹叠云:《立法技术》,中国民主法制出版社1993年版,第34页;罗传贤:《立法程序与技术》,台湾五南图书出版有限公司1997年版,第6页、第29页等。

〔2〕 参见吴大英、任允正:《比较立法学》,法律出版社1985年版,第208页。

〔3〕 参见张善恭主编:《立法学原理》,上海社会科学院出版社1991年版,第204页。

〔4〕 孙敢、侯淑雯主编:《立法学教程》,中国政法大学出版社2000年版,第208页。

〔5〕 参见周旺生:《立法学教程》,北京大学出版社2006年版,第403~405页。

立法技术与工作程序规范（试行）》[1]，将立法技术限定于法律法规文本的结构安排技术和文字表述技术两个方面，大体相当于上面所说的"方法技巧说"和"狭义说"，我们也采此观点。所以，本章所谓的地方立法技术，是指有关地方立法文本的结构安排、文字表述方面的方法和技巧。

二、地方立法技术的价值与功能

改革开放以来，我国各地方虽然对立法技术进行了一定的探讨和实践，积累了一些经验，但由于这项工作起步较晚，地方立法技术不科学、地方立法质量水平不高的问题依然存在。主要表现为以下几个方面：[2]一是受传统思维影响，地方立法技术不发达。一方面，人们在认识客观事物时，只满足于通过直觉得到一个总体印象，而不习惯作周密详细的分析、论证；另一方面，对法律条文的表述，把"宜粗不宜细"作为我国立法工作的一个基本方针。因此，在地方立法中原则性的规定较多，"应重视""应加强""应做好"等总体的、概括性的规定随处可见；执法职责不清、权限不明，执法程序模糊，处罚幅度过大等现象经常出现。二是地方立法的逻辑结构不完整、不合理。有的法规和规章的名称、内容结构设置不规范；条文安排不科学，章节、条款顺序较乱；有的法规、规章只有适用条件、行为模式的规定，规定人们在什么条件下，应该做什么、禁止做什么，但相应的后果处理没有规定或者规定得不够合理、全面。三是立法语言不规范，政策性用语较多。由于不少地方性法规、规章的内容是参照有关政策文件规定的，因此条文中明显带有政策性语言的痕迹，在地方立法中经常出现"加强引导""高度重视""紧密配合""严肃查处""认真执行""大力提倡"等政策文件用语，有的干脆将文件规定的内容移植到法规、规章中来，与法律规范的严密简洁的语言形式相差甚远。

为了克服上述地方立法中存在的问题，只有提高地方立法技术水平。立法的目的和内容需要立法技术来体现和反映，科学的立法技术对于提高立法

---

[1] 2007年11月15日广东省人民代表大会常务委员会主任会议原则通过，自2007年12月1日起施行。

[2] 参见王腊生主编：《地方立法技术的理论与实务》，中国民主法制出版社2007年版，第7~8页。

质量具有重大意义。立法技术的科学化对立法、法制乃至整个社会发展，有着弥足珍贵的价值。它的功能和作用集中体现在：可以使立法成为科学的立法，使立法臻于较高水平，使立法正确调整社会关系和准确有效、科学地反映客观现实，从而充分满足国家、社会和公民生活对立法提出的种种需要。地方立法质量在很大程度上取决于地方立法技术水平的高低，向来质量高、影响大、便于实施的法规、规章，同它们表现出来的不平凡的立法技术水平是联系在一起的。科学的立法技术，能使立法的意图、目的和任务，立法的指导思想和基本原则，立法的内容明确具体地表现出来，因而也便于执法、守法。从结构和表现形式来看，法规、规章的名称，法规、规章的总则、分则、附则，以及章、节、条、款、项和地方立法语言等，能否得到合理、正确的安排和表现，在很大程度上也取决于立法者掌握和运用科学的立法技术的状况。

三、地方立法技术的发展及研究

在现代，地方立法技术的研究和运用在世界范围内得到更为普遍的重视，并呈现出研究主体多元化，教育职业化，内容规范化、标准化和流程化等特点。[1]

就主体多元化而言，当今研究地方立法技术的主体不仅有国家机关，也有民间组织和学术机构，还有国家机关和教育部门联合组建的专门研究机构。前者如澳大利亚的法律改革委员会。该委员会是根据 1973 年议会制定的《法律改革委员会法》而设立的法定独立机构。作为联邦政府唯一的综合法律改革委员会，其主要职能是为"消除成文法瑕疵，推进法律简洁化""编纂法律，推进法的系统化"提出建议。其于 1992 年对澳大利亚商法、家庭法和政府法等的改革建议，大大推进了该国法律标准化和现代化的进程。委员会提出的各项建议中的 60% 以上得以采纳和实现。如今，加拿大、新西兰等英联邦中的 32 个国家都相继成立了法律改革委员会，以在组织和制度上促进法的完善。在我国，2003 年上海市人大常委会率先在地方人大设立了下属立法研

---

〔1〕　参见徐向华主编:《立法学教程》，上海交通大学出版社 2011 年版，第 292～295 页。

究所。民间组织和学术机构的代表如美国的全美统一州法典委员会。该委员会成立于 1892 年，是美国目前唯一的、非官方的、准立法性的州际立法研究组织。在过去的 128 年间，致力于消除联邦制下的州际法律冲突，维护并促进经济发展，该委员会不仅起草了 200 多部统一法典，其中多数已被各州议会全部或者部分采纳或者批准，更重要的是，其于 1968 年制定并颁布了《统一法案或者示范法案起草规则》，并先后于 1983、1991、1997 年和 2006 年进行修订，为各州在众多相关领域中法律的统一化作出了非凡的贡献。

就教育职业化而言，美国的哈佛大学法学院、哥伦比亚大学法学院等均设立了立法研究机构，开设了"法律起草"课程。尤其是地处华盛顿特区的乔治顿大学法学院专门聘请国会立法专家主讲"法律起草"课程，系统传授法律起草的原则、操作技术等专业知识。在加拿大，除了渥太华大学法学院开设"法律起草"课程之外，多伦多大学法学院设立了立法学硕士学位，为培养法律起草人员和专家进行系统的职业化教育。在我国，各法学院校纷纷对本科生开设"立法学"课程，尤其是华东政法大学早在 1992 年便专门开设了"立法技术学"课程。中国社会科学院法学所、北京大学和上海交通大学等法学院校还专门培养立法学方向的研究生。

就内容规范化、标准化和流程化而言，一方面，一些国家和地区将成熟和科学的立法技术予以规范化，并强制性地适用于立法文件的制作活动。近年来，我国大陆地区的河南、辽宁、江苏、广东等省级人大常委会先后规范了地方性法规的立法技术。另一方面，一些国家和地区的议会工作机构制定法律起草手册，推进立法的标准化。在美国威斯康星州，州议会的立法起草和咨询局（Legislative Reference Bureau）制定并每两年修订一次《法案起草手册》（Bill Drafting Manual），对起草规则以及法律的布局、格式、用语、特别条款、草案说明等要点都有详细的说明。阿拉巴马州（见下表）、科罗拉多州、华盛顿州、佛罗里达州、亚利桑那州、北达科他州、特拉华州等州议会也都有本州的法案起草手册。尽管这些手册的内容并不具有约束力，但其对不同起草者如何起草出具有标准化格式和统一表述模式的法案而言，具有很强的指导性和实用性。

Bill Drafting Manual（Alabama）[1]	法律起草手册（阿拉巴马州）
Rule 1.　Sentence Structure	第一条　句子结构
Rule 2.　Subject of Sentence	第二条　句子的主语
Rule 3.　Tense，Mood，Number and Voice	第三条　时态、语气、数量和语态
Rule 4.　Gender	第四条　性别表述
Rule 5.　Consistency	第五条　一致性
Rule 6.　Brevity	第六条　简洁性
Rule 7.　Choice of Words and Phrases	第七条　词和短语的选择
Rule 8.　Use of "Shall" "May" and "Must"	第八条　Shall、May 和 Must 的使用
Rule 9.　Use of "Which" and "That"	第九条　Which 和 That 的使用
Rule 10.　Use of "Such"	第十条　Such 的使用
Rule 11.　Punctuation	第十一条　标点符号
Rule 12.　Definitions	第十二条　定义
Rule 13.　Capitalization	第十三条　大写
Rule14.　Limitations，Exceptions and Conditions	第十四条　限制、例外和条件
Rule 15.　Lists and Tabulations	第十五条　清单和表格
Rule 16.　Sections	第十六条　节
Rule 17.　References to Other Provisions of Act	第十七条　对其他法律条款的引用
Rule 18.　Procedural Provisions	第十八条　程序条款
Rule 19.　Creation of Agency or Office	第十九条　创设机关
Rule 20.　Savings and Repeal Clauses and Transitional Provisions	第二十条　保留、废止和过渡条款
Rule 21.　Purpose Clauses	第二十一条　目的条款
Rule 22.　Severability Clause	第二十二条　效力瑕疵条款
Rule 23.　Order of Arrangement of Provisions in Bill	第二十三条　条款次序安排

---

〔1〕　参见阿拉巴马州立法咨询服务局（Legislative Reference Service）网站，http://lrs.state.al.us/style_manual/style_manual.html，最后访问日期：2016 年 8 月 25 日。

Bill Drafting Manual（Alabama）	法律起草手册（阿拉巴马州）
Rule 24. Revision	第二十四条　复审
Appendix A	附录 A
Avoid the use of the following redundant couplets	应避免使用的冗余对句
Avoid the following indefinite words	应避免使用的不确定词语
Improper phrase replacement	不适宜的短语置换
Appendix B – Sample Form for Bills	附录 B　模板

　　另一方面，一些国家和地区在设计过程中针对立法的必要性和可行性引入流程化的评估立法技术。在美国，一些州议会建立了法律草案财政影响估算制度，要求州政府机构对由其提交议会审议的、符合估算条件的法律草案可能产生的年度财政影响做出分析。该估算分析既要包括新规定可能引发的多大财政开支，也要涵盖新措施可能带来的多少财政收入；既要对长期的财政影响予以提示，也要对一次性的财政影响做出特别说明。这种对已进入议会审议程序的法案贴上"价格标签"的目的，就是为了提升立法的设计质量，在法案正式通过之前及时修正不当规则，避免法律出台后再去评估其合理性和可实现性。在荷兰，负责对由中央政府机构提交国会的法律草案进行初步审查的司法部于 1997 年发布了《法律草案的可管理性和可执行性检测方法手册》，明确要求负责起草的政府部门按照手册所提供的调查表及其 15 大类问题，着重评估该草案对经济的潜在影响、对环境的潜在影响、对负责实施该草案的机构的预期影响以及该项立法的预期效果。其中对法案的预期遵守程度和可执行程度一个问题要从 55 个方面予以说明，对法案实施所导致的法院工作量的影响一个问题要从 67 个方面做出评估。政府起草部门所完成的上述评估必须作为该法律草案的说明或者注释的必备部分，以确保国会及时了解各种决策信息，理性决断立法政策、合理选择法律措施以及清晰判断立法的预期效果，为检测法的可行性、提高法的可操作性提供了流程化的立法技术支撑和保障。值得注意的是，我国很多地方也建立了立法前评估制度，如《广东省人民代表大会常务委员会立法评估工作规定（试行）》第 7 条规定：

表决前评估主要是对法规案进行总体评价，围绕以下三个方面进行：（一）法规案出台的时机是否适宜，是否与本省经济社会发展水平相适应，是否具备相应的实施条件，相关配套措施是否能及时到位；（二）法规案通过后对本地区改革发展稳定可能产生的影响；（三）可能影响法规实施的重大因素和问题等。

第二节　地方立法技术标准

如何判断地方立法技术的高下优劣？关于这个问题，相关的讨论很多，本节主要从适时性、实效性、简洁性、可接受性和体制统一性[1]五个方面进行论述。

一、适时性

适时性是指立法要审时度势，在社会、经济、政治、文化等方面对立法提出需求的情况下进行。具体包含两个层面的含义：一是无需求不立，二是有需求则立。前者主要是指无需超前立法，例如制定《证券交易法》的前提条件是存在发展证券交易关系的需求，否则即使制定也没有实际效果。

二、实效性

所谓实效性，是指立法要找准需要解决的问题以及解决问题最有效的方式。以控烟立法为例，各国家和地区控烟立法推行之初，皆较为侧重场所使用人之举报，这是因为违规吸烟行为发生时间较短，单凭执法人员很难监控，而场所使用人往往对违规吸烟行为较为敏感，且利害相关，如能有效发动，则会大大提高执法效率。如我国台湾地区的卫生部门即出台奖励制度，凡是有民众在法律规定的禁烟区内拍摄到有违规吸烟者，就可以获得卫生部门至少一万元新台币的高额奖金。这一制度出台后，在我国台湾地区这样一个拍照手机和相机普及的社会里引起很大反响。相关奖励政策出台以后，奖金发

---

〔1〕　参见王凌光："立法技术标准与澳门立法技术之审视"，载《一国两制研究》2013年第2期。

放很有效率，这也使得越来越多的市民加入进来，从而大大加强了相关法规的实施效果。[1]而我国大陆其他很多地方的控烟立法则侧重有权机关的主动执法，没有给场所使用人通过举报协助执法提供方便和激励，这种立法"有限的执法力量"去解决"无限的问题"，其执行效果相当有限。

三、简洁性

所谓简洁性，是指法条的语言表达要尽可能简洁，尽量做到"句中无余字"。此外，根据语言学家和心理学家的研究，用语通俗、文字简短且段落分明的文字，最容易使人了解。因此，在起草法律条文时最好遵循一条一文主义，即在每一条里，不要规定太多项，在每一项里，最好只有一个句子，每一句中最多只表达一个中心思想。[2]纵观我国中央和地方立法，基本符合一条一文主义的要求。现实中，影响立法简洁性的主要是立法重复，这一点在我国地方立法中尤其严重。

地方立法重复，既包括下位法对上位法的重复，也包括同一机关制定的"后法"对"前法"的重复。现实中比较普遍的是前者，据从事立法工作的人估测，地方立法重复中央立法者，约占地方立法的70%～90%。[3]重复形式大体可分为三类：[4]一是完全复制。指下位法条款完全复制上位法条款的内容，一字不改，既可复制整个法律条款，也可仅复制某款或某项。二是部分删改。下位法通常囿于其立法权限、范围，在复制时将法律条款中某些不具备立法权限、超出立法范围的内容去掉，略加修改，或者出于表达技巧、结构编排等考虑而对上位法条文的内容进行部分删改，但并未改变上位法所调整的法律关系的内容。三是归纳拆分。下位法在制定时，或将上位法的数个法律条款归纳总结，或将上位法的单个法律条款拆分为数条或数款（项）。

造成地方立法重复的原因主要有以下两个方面：一方面是我国中央地方

---

〔1〕 参见"台湾禁烟：创意多成效大"，载 http://www. legaldaily. com. cn/index_ article/content/2012 - 04/17/content_3500749. htm, 最后访问日期：2012 年 11 月 1 日。

〔2〕 参见罗传贤：《立法程序与技术》，五南图书出版股份有限公司 2008 年版，第 105 页。

〔3〕 参见李林：《走向宪政的立法》，法律出版社 2003 年版，第 221 页。

〔4〕 参见吕新华："论重复立法之克服"，载《湖北警官学院学报》2014 年第 7 期。

立法关系演变的历史影响。新中国成立以来，我国在向地方进行立法分权问题上经过了多次调整和转折，概括起来就是"集权—分权—再集权—再分权"的循环，这个过程中，中央立法一直是主旋律。在改革开放之后，我国逐渐打破传统的中央立法的旧格局，开始实现向地方适度立法分权的转型和过渡，这个过程反映了扩大地方立法权范围、尊重地方立法权的总体趋势。但是受制于长期的立法传统，一些地方立法机关很难克服"向上看"的习惯。[1]另一方面是立法人员对于地方立法的功能和作用缺乏正确认识。地方立法具有以下四个方面的作用：[2]一是具体实施作用，对原则性较强的中央立法进行可操作性的细化和落实；二是补充完善作用，解决国家没有立法而本地区需要以法律文件来解决的问题；三是实验创新作用，以先行立法的形式为中央立法积累经验；四是特殊调节作用，自主解决地方问题。综合这四方面的作用，不管是对中央立法的执行还是自主创新，地方立法的主要功能都是规范地方特殊问题、解决地方特殊矛盾、发扬地方特殊优势。而地方立法重复，恰恰是因为地方立法工作人员在观念上存在问题，没有正确认识地方立法得以存在和发展的功能所在。他们甚至可能为地方立法重复提供一些"合理化论证"，如：重复上位法是保证地方立法不抵触上位法的有效措施；上位法很重要，需要反复强调；按照上位法的篇章体例来制定地方性法规会保证法规的结构严谨、行文规范；在执行中有时需要查看上位法，写在一起，方便查找等。

长期以来的地方立法重复，不仅从立法技术层面严重影响了我国地方立法的简洁性，也造成了其他负面影响：一是导致地方立法灵活性和针对性不强，法的适用能力大打折扣。[3]二是增加立法成本，浪费立法资源。大量重复上位法，在起草、审议、立法后评估中，都因为条款繁多而人为地增加了劳动量和工作难度。目前地方立法中本来就存在着审议时间短的问题，大量重复的上位法条款，淹没了涉及群众重要利益、争论多、影响广、法规着力

---

〔1〕 参见林琳："对实施性地方立法重复上位法现状的原因分析和改善设想"，载《人大研究》2011 年第 1 期。

〔2〕 参见田成有：《地方立法的理论与实践》，中国法制出版社 2004 年版，第 109～111 页。

〔3〕 参见孙波："试论地方立法'抄袭'"，载《法商研究》2007 年第 5 期。

解决或创新的重点条款，浪费了本来就很稀缺的审议时间。三是为某些起草部门隐藏部门利益提供掩护载体。目前，地方立法起草主体单一，很多时候执法主体即立法主体。这种情形有一定的合理性，主要体现在执法主体比较了解实际情况，制定法规有实践经验。当然弊端也显而易见，执法主体作为起草主体在利益上很难中立。现实中，他们关注的重点几乎不可避免地都放在维护、扩大自身部门利益上。在一部篇幅短、架构简单的法规中，这些部门利益条款未免显得太醒目，制定一部结构完整、内容"丰富"的法规既方便隐藏这些条款，同时也能满足制定的法规"很像一部法律"的"面子"需求。"方便隐藏部门利益"，这是地方立法不断重复上位法问题的最深层次的原因，也是这个问题单单从立法技术上求解的最大障碍。[1]四是损害了上位法的权威。地方立法在重复上位法时，除了原样照搬，更多的情况是对上位法条文颠倒顺序，截取片段，重新进行排列组合，这个过程中伴随着对某些具体词语的同义词替换。这种地方立法对上位法条文随意肢解和修改的"改头换面"行为，有对上位法不够尊重的嫌疑，对上位法的权威性造成了一定的损害。

近年来，理论和实务界开始针对这一问题展开讨论。在此基础上，2015年修订的《立法法》第73条第4款规定：制定地方性法规，对上位法已经明确规定的内容，一般不作重复性规定。但该法并未明确"一般不作重复性规定"的例外情形，也没有规定应对重复立法的处理措施，其执行效果尚待观察。

四、可接受性

就某种程度而言，法律是不同利益群体之间博弈的结果，所以，立法不能过于理想，只有充分考虑到不同利益群体可接受性的立法才能通过并获得良好的执行。有关《广东省电梯使用安全条例（草案）》中"第一赔付责任"条款的争议就体现了可接受性问题的重要性。

---

〔1〕 参见林琳："对实施性地方立法重复上位法现状的原因分析和改善设想"，载《人大研究》2011年第1期。

【"第一赔付责任"引争议】[1]

根据最新统计，广东是全国电梯保有量第一大省，全省在用电梯达 53 万多台并在逐年增加。同时，因电梯故障等造成的困人事故也时有发生。社会各界都在呼吁加强电梯安全管理，但这项工作涉及的"环节"却格外多。电梯制造单位、施工单位、使用管理人、维护保养单位、检验检测机构、政府监管部门等都是电梯安全涉及的主体。在实际生活中，特别是在事故鉴定和赔付中，存在安全责任不明确、监管体制不完善、事故责任难划分、法律责任难落实等问题，最后往往找不到人负责。为此，在《广东省电梯使用安全条例（草案）》出台前，起草小组曾向社会公布过《广东省电梯使用安全条例（草案初稿）》，其中明确提出，电梯发生事故或故障造成损失时，电梯使用管理者对受害者承担第一赔付责任。使用管理者承担第一赔付责任后有权对造成电梯事故或故障的生产企业、安装企业、维保企业、检验单位和使用人进行追偿。有专家认为，这样规定有助于及时救助消费者，并建立起电梯安全的"责任链条"：由使用管理者担责会促使责任主体监督并规范电梯维护保养单位、生产安装施工单位等。但在论证中，主要"扮演"使用管理者角色的物业公司却提出，他们无能力也无责任担负这项赔付责任。在广泛听取意见后，3 月 18 日省人大法制委员会、法制工作委员会会同省质监局就条例起草涉及的使用管理人责任承担问题到北京向全国人大常委会法制工作委员会请示，最终删除了草案初稿中的"第一赔付责任"条款。

为何会删掉草案初稿中首负责任人的第一赔付责任？省人大常委会法工委相关负责人表示："首负责任人有安全管理义务，但没有先行赔偿、垫付义务。对于首负责任人的第一赔付责任，在论证阶段几方都没有达成共识，争议很大；如果要明确赔付责任，还涉及立法权限，涉及民事责任，按照《立法法》等有关规定，地方立法不宜涉及这方面内容，所以没有写入。"

可以看出，删除该条款的原因尽管是多方面的，但超出利益相关主体（物业公司）的实际承受能力是一个重要因素。

---

〔1〕 详细介绍参见"广东电梯使用安全条例将出，'电梯出事物业先赔'条款被删"，载南方网：http://news. southcn. com/g/2015 – 03/27/content_120945781. htm，最后访问日期：2016 年 8 月 29 日。

五、体制统一性

体制统一性是指不同法规条文的表现形式应当符合一定的规则。由于现代法治国家面临"立法爆炸",条文数目与日俱增,法规体例的统一化和标准化即为各国所重视。近年来,我国的全国人大常委会和一些地方人大也在推动立法体制统一性上做了很多工作。如全国人民代表大会常务委员会法制工作委员会先后于2009年和2011年发布了《立法技术规范(试行)(一)》和《立法技术规范(试行)(二)》,一些地方也出台了有关地方性法规的立法技术规范,对相关法律文件的结构安排、文字表述和立改废释形式等问题进行了较为详尽的规定,在实践中起到了不错的效果。

第三节　地方立法的结构

一、地方立法的名称

(一)地方性法规

实践中,地方性法规主要中采用以下四种体例:

1. 条例

由有权机关制定和批准的规定某些事项的法律文件。其名称组成一般是《××(地方)××(主要内容)条例》,如《广东省商事登记条例》。条例适用于对某一方面的事项作出较为全面、系统规定的法规。适合用条例形式规定的事项很多,主要有行政管理的事项,有关机构的组织事项、职权事项、人事事项、奖惩事项等。

地方性法规适用条例这一名称的,既可以是创制性的法规,也可以是实施性的法规。前者如《北京市城市市容环境卫生条例》(已失效)、《黑龙江省绿色食品条例》等,后者如《四川省实施〈中华人民共和国教师法〉条例》等。

根据国务院办公厅颁布的《行政法规制定程序暂行条例》(已失效)、第3条第2款规定,国务院各部门和地方人民政府制定的规章不得称条例。所以在我国目前的立法工作中，除了有立法权的地方人大及其常委会在制定的地方性法规和民族自治地方人民代表大会制定的自治条例、单行条例使用条例这一名称外，就只有国务院制定的行政法规使用这一名称，地方性法规的名称中冠有行政区划字样，不会与行政法规混淆。

2. 规定

规定一般是对某一方面的事项作出部分或者专项的决定。其名称组成一般是《××（机关）关于××（事项）的规定》，如《广东省高危险性体育项目经营活动管理规定》。用规定规范的事项，多是某一事物的个别方面，且所作的规定往往是不系统的，有时甚至是临时性的，往往与"若干""暂行"相联系，如《深圳经济特区加强知识产权保护工作若干规定》（已失效）、《汕头市促进农业技术推广若干规定》、《广东省人民代表大会常务委员会关于制定地方性法规程序的暂行规定》等。

在地方性法规中，规定既可以用于创制性的地方性法规，也可以用于实施性的地方性法规。前者如《湖南省商品修理、更换、退货责任规定》，后者如《北京市实施〈中华人民共和国保守国家秘密法〉若干规定》等。

目前我国立法工作中，使用规定这一名称的立法部门包括国务院及其组成部门、有立法权的地方人大及其常委会、有立法权的地方政府。也就是说，行政法规、地方性法规、部门规章和政府规章都在使用这一名称。如此产生的问题是：同一种名称，有几种不同效力等级的规范性法律文件在同时使用，有时会给适用该法的国家机关、国企事业单位和公民判别该法的效力等级方面带来困难。

3. 实施办法

适用于低位阶的法对上位阶的法的规定作出比较具体的、操作性较强规定的地方性法规，其名称组成一般是：《××（地方）实施〈××法〉办法》。如《海南省实施〈中华人民共和国气象法〉办法》《湖北省实施〈中华人民共和国老年人权益保障法〉办法》等。

制定办法涉及对上位法（主要是法律）的具体化，地方性法规实施国家法律的办法有两种情况：一种是对不属于全国人大及其常委会专属立法权的法律，根据需要，地方可以制定实施办法；另一种是对属于全国人大及其常委会专属立法权的法律，一般来说，这部分法律的实施办法，通常由国务院制定，但如果法律明确授权地方作具体规定，地方就可以制定实施办法。如果法律没有授权地方制定实施办法，可以区分两种情况：一种是不涉及地方政府实施的，地方不应制定实施办法；另一种是需要地方政府实施的，地方可以制定实施办法。

办法既可以是全面地、系统地实施上位法，如《四川省〈中华人民共和国工会法〉实施办法》，从体例到内容对《中华人民共和国工会法》的规定作出了全面、系统的具体化规定；也可以是部分地、非系统地实施上位法，如《北京市实施〈中华人民共和国矿山安全法〉办法》，既没有照搬《中华人民共和国矿山安全法》（以下简称《矿山安全法》）的结构，也没有将《矿山安全法》的全部内容具体化，而是根据北京市的实际需要，只对部分《矿山安全法》的条文进行了具体化。

立法实践中，地方性法规实施上位法，既有称作办法的，如《湖北省实施〈中华人民共和国集会游行示威法〉办法》；也有不称办法，直接冠以其他名称的，如《黑龙江省对罪犯减刑、假释、保外就医工作管理条例》（已失效），该条例实际上是对《中华人民共和国刑事诉讼法》部分条文的具体化，但并没有使用办法这个名称。

在我国，地方人大及其常委会为了实施上位法而制定的地方性法规一般称为"办法"，而政府及其组成部门为了实施法律、法规而制定的规范性法律文件一般称为"细则"。关于"办法"与"细则"的区别，有学者认为，从语义上分析，"细则"具有一定的依附性，它表明两个文件之间、两个文件的不同制发机关之间具有一定从属关系。因而政府及其组成部门为了实施法律、法规而制定的规范性法律文件称为"细则"比较合理；而有立法权的地方人大与上级人大、上级政府之间不存在从属关系，因而有立法权的下级人大为贯彻实施上位法而制定的地方性法规称为"办法"比较妥当。但是在实践中有的立法机关将这两种名称混用，造成了使用者辨别上的困难。[1]

---

〔1〕 参见王云奇主编：《地方立法技术手册》，中国民主法制出版社2004年版，第7页。

4. 规则

规则是规定出来供大家共同遵守的制度或章程。其名称组成一般是：《××（地方或机关）××（事项）规则》，如《浙江省人民代表大会常务委员会议事规则》。规则适用于对某项程序性活动或者某种特定的行为准则加以规范的法规，如《福建省人民代表大会议事规则》对福建省人民代表大会会议审议、表决议案等事项的程序性问题作出了具体的规定；《黑龙江省人民代表大会常务委员会组成人员守则》就常务委员会组成人员的、与行使常务委员会的权力有关的义务、纪律、操守等事项作出了具体的规定等。

我国立法实践中，有的法律、法规和规章的名称中还带有"试行""暂行"的字样。所谓"试行"，是指立法者对其制定的规范性法律文件中所要调整的社会关系的认识和判断或对法规规定的措施等还存有疑虑，因而规定该法只是"试行"，表明还要在适当的时机对其进行修改；所谓"暂行"，是指立法者认为其所制定的规范性法律文件解决的问题或者法规规定的措施是暂时性的，因而该法会在施行一段时间后失去其存在的意义，所以规定该法只是"暂行"。但实际上，很多"试行条例"试行了 20 多年，直到今天还在继续"试行"；而很多"暂行规定"在规定了多年后也仍在"暂行"。

（二）地方政府规章

地方政府规章的名称有以下要求：一是名称要反映规章的适用范围；二是名称要反映规章的内容；三是名称要反映规章的效力等级。根据《立法法》和《规章制定程序条例》，规章的名称一般为《××办法》或《××规定》，但不得命名为条例。

二、地方立法的正文

地方立法的正文一般包含总则、分则、附则等几大部分。法规结构单位层次的多少，因法规内容多少及复杂程度的不同而不同。一部内容较多、环节较复杂的法规，其结构单位的最高层次是章，章下分节，节下分条，条下分款，款下分项。中等篇幅的法规，比较常用的是章、条、款三种。最小篇幅的法规仅用条作为其结构单位。条是法规形式结构的最基本、最常用的结构单位。

根据内容的繁简程度，地方立法的结构可以分为简单型结构和复杂型结构。简单型结构是指即地方立法正文不分章，按照条文内容的逻辑和数字顺序，加以排列。采用这种结构的，一般是条文数量较少，只有一二十条或者二三十条，且法规内容层次简单。这一类型的法规在地方性法规中占有相当的数量。[1]复杂型结构是指地方立法按条文内部的逻辑结构和数字顺序，排列章节和条文，与简单结构相比要复杂一些。

在地方立法中，究竟采用何种结构形式，不能一概而论，要根据法规的本身情况和实际需要"量体裁衣"。选择法规的形式结构必须遵循逻辑严密、严谨一致、层次清晰、简洁明确的总要求。具体地说，应注意以下几个方面：[2]第一，选择法规形式结构，必须以表述明晰和理解方便为标准。要注意法规暗含的层次结构，准确选择既有利于表述立法意图又有利于人们理解的形式结构，不能为了形式上的体面而千篇一律地照搬。第二，选择法规形式结构，必须以法规的内容多少及其复杂程度为尺度。法规内容较少、较为简单的，最好采用简单型结构，而不必采用层次过多的复杂型结构，否则，会影响法规内容的连贯性；相反，法规内容较多、较为复杂的，就必须要多设几个层次，采用复杂型结构，如果该设的不设，层次过少，则会导致法规表述上的紊乱。第三，选择法规形式结构，还要考虑新法与旧法之间、此法与彼法之间以及母法与子法之间的协调一致。比如，同为程序性质的法规之间、实体法与程序法之间、实施条例和其直接的上位法之间，其形式结构布局虽然不求绝对一致，但要注意协调和照应。

（一）总则

总则是立法文件的首要部分，在法律文本中具有统领地位，是承载统贯全文的一般要件或者概括规定的法律条文的总和。总则的内容通常包括"制定目的和依据条文""核心性定义条文""适用范围条文""基本原则条文""预算经费或者专项资金条文"。涉及行政管理方面的立法文件，总则通常还

---

[1] 参见王腊生主编：《地方立法技术的理论与实务》，中国民主法制出版社2007年版，第73页。
[2] 参见王腊生主编：《地方立法技术的理论与实务》，中国民主法制出版社2007年版，第73页。

包括"管理部门条文"。总则的表述方式分为明示式和非明示式两种。在设有章或者编的法律文本中,"总则"一词以明示的方式表示;在不设章等结构层次的情况下,"总则"两字不在法律文本中显示,其与分则和附则根据规定的具体内容加以区分。无论"总则"是否以明示方式表示,其通常设置于法律文本的开篇之处,但另有序言的除外。

1. 立法目的

立法目的是制定地方立法所要达到的效果,是任何一部地方立法的必要条款。作为总则中的重要内容,一般置于地方性法规正文的第一条。立法目的的表述形式很多,从句子结构划分,有一层含义句式和多层含义句式之分。其中,一层含义句式表述立法目的的极少,而多层含义句式表达立法目的则极为普遍。调整对象比较单一的法案,立法目的可以分得细一些,而调整范围较广的法案,立法目的应当予以高度概括,选择最主要的内容加以归纳。在表述立法目的时,应注意各层意思之间的逻辑关系。当立法目的具有多项内容需要多层含义句式表述时,一般都是采用具体到抽象、直接到间接、由近及远的顺序来排列。例如,《广东省禁毒条例》[1]第 1 条规定:"为了预防和惩治毒品违法犯罪行为,保护公民身心健康,维护社会秩序,根据《中华人民共和国禁毒法》等有关法律、行政法规,结合本省实际,制定本条例。"

2. 法律依据

法律依据的规定用来表明该法规的合法性来源以及不同法律规范的关联性,通常是在地方立法的第一条中与立法目的一起规定。如果要制定的地方立法不需要写制定目的,则制定依据可以作为一个独立的条文来写,并仍然置于地方性法规的第一条的位置。例如,《广东省实施宪法宣誓制度办法》[2]第 1 条规定:"根据《全国人民代表大会常务委员会关于实行宪法宣誓制度的决定》,制定本办法。"作为法律依据的上位法应当是与法规具有直接联系的,

---

〔1〕 2015 年 12 月 3 日广东省第十二届人民代表大会常务委员会第二十一次会议通过,2015 年 12 月 3 日公布,自 2016 年 3 月 1 日起施行。

〔2〕 2015 年 12 月 3 日广东省第十二届人民代表大会常务委员会第二十一次会议通过,2018 年 5 月 31 日广东省第十三届人民代表大会常务委员会第三次会议修订,自 2018 年 1 月 1 日起施行。

起间接指导作用的上位法，一般不作为法规的法律依据。作为法律依据的上位法应当用全称，外加书名号。法律依据的列举不得超三个，依据多个上位法的，可以只列举主要的立法依据，之后可以加上"和有关法律、行政法规（法规）"。例如，《广东省城乡生活垃圾处理条例》[1]第1条规定："为了规范城乡生活垃圾处理，控制污染，保护环境，根据《中华人民共和国固体废物污染环境防治法》和《城市市容和环境卫生管理条例》等有关法律、行政法规，结合本省实际，制定本条例。"创制性法规没有直接上位法作为立法依据的，可以表述为"根据有关法律、法规"，也可以不作表述。例如，《广东省商事登记条例》[2]第1条规定："为了规范商事登记活动，推进商事登记便利化，保护商事主体的合法权益，根据有关法律、行政法规，结合本省实际，制定本条例。"

3. 适用范围

地方立法总则对适用范围的规定一般包含了对人的效力、空间效力和行为效力等内容；而时间效力一般由附则中的相关条款来规定。一般情况下，地方立法的适用范围采用空间、人和行为组合表述方式。如《广东省华侨权益保护条例》[3]第2条规定："本条例适用于本省行政区域内华侨合法权益保护活动。本条例所称华侨，是指定居在国外的中国公民。"也有些法规只规定空间效力和所适用的行为。如《广东省特种设备安全条例》[4]第2条规定："本条例适用于本省行政区域内特种设备的生产、经营、使用、检验、检测（以下统称特种设备活动）和特种设备安全的监督管理。特种设备的范围按照国务院批准的目录确定。"

---

〔1〕 2015年9月25日广东省第十二届人民代表大会常务委员会第二十次会议通过，2015年9月25日公布，自2016年1月1日起施行。

〔2〕 2015年12月3日广东省第十二届人民代表大会常务委员会第二十一次会议通过，根据2019年11月29日广东省第十三届人民代表大会常务委员会第十五次会议《关于修改〈广东省水利工程管理条例〉等十六项地方性法规的决定》修正。

〔3〕 2015年7月31日广东省第十二届人民代表大会常务委员会第十九次会议通过，2015年7月31日公布，自2015年10月1日起施行。

〔4〕 2015年5月28日广东省第十二届人民代表大会常务委员会第十七次会议通过，2015年5月28日公布，自2015年10月1日起施行。

4. 定义

地方立法中经常使用一些来源于日常用语、技术用语，但是内涵和外延又不同于上述用语的词语。由于对这些词语的准确理解直接关系到地方性法规的适用和遵守。因此，立法者都以法律定义的方式来界定特定词语的含义。如《广东省食品生产加工小作坊和食品摊贩管理条例》[1]第2条规定："本条例适用于本省行政区域内食品生产加工小作坊和食品摊贩的生产经营及其监督管理等相关活动。本条例所称食品生产加工小作坊（以下简称食品小作坊），是指有固定生产场所，从业人员较少、生产加工规模小、生产条件和工艺技术简单，生产加工传统、特色食品的生产经营者。本条例所称食品摊贩，是指商品交易市场或者固定店铺以外，在划定或者临时指定区域内摆摊设点，销售预包装食品、散装食品或者现场制售食品的经营者。"

一般而言，关系到整个地方性法规理解和适用的基本概念和其他贯穿法规始终的概念，其定义一般在总则中加以表述，通常放在适用范围条款后表述；凡是有关概念的定义只涉及特定章节的，即涉及法规分则某一部分或者某一条款的概念，其定义一般在分则中首次出现时表述。凡是有定义的必要，但是放置在任何章节中都不太合适的，可以将有关概念的定义放在附则中加以规定。[2]

5. 主管机关

"徒法不足以自行。"地方立法需要有关行政机关执行和实施，所以地方立法一般都有关于主管机关的规定。地方立法对主管部门作出规定的，一般不写明部门或者机构的具体名称，表述为："省（市、县）人民政府××行政主管部门负责广东省（市、县）行政区域内的××工作。"例如"各级人民政府民政部门主管本行政区域内的地名管理工作"，用"各级人民政府民政部门"指代"民政厅（局）"。只有在可能使社会公众产生误解的情况下，才直接写明该主管部门的具体名称。如果存在两个或者两个以上的主管机关，地

---

〔1〕 2015年7月31日广东省第十二届人民代表大会常务委员会第十九次会议通过，2015年7月31日公布，自2015年10月1日起施行。

〔2〕 参见王腊生主编：《地方立法技术的理论与实务》，中国民主法制出版社2007年版，第96页。

方性法规要明确分工权限，以防止法规实施中的推诿和冲突；如果有协同管理部门的，也要明确规定。如《广州市公共图书馆条例》[1]第 4 条规定："市文化行政主管部门负责全市公共图书馆事业的管理工作，并组织实施本条例。区文化行政主管部门负责本行政区域内公共图书馆事业的管理工作。发展改革、财政、教育、规划、国土、人力资源、建设、交通等行政管理部门应当根据各自职责，协同实施本条例。"又如《广东省社会力量参与救灾促进条例》[2]第 6 条规定："县级以上人民政府应当建立促进社会力量参与救灾的工作机制和社会动员机制，加强对社会力量参与救灾的指导和帮助，鼓励、引导、支持和监督其有序参与救灾工作。县级以上人民政府应急管理部门具体负责联系、协调本行政区域社会力量参与救灾工作；有关部门按照各自职责做好促进工作。县级以上人民政府应当将保险工作纳入救灾工作体系，推动建立符合当地经济社会发展水平和灾害风险特点的自然灾害保险制度。"

6.法律原则

法律原则应当体现地方性法规所调整的社会关系必须遵循的基本指导思想和准则，符合国家的方针、政策，有上位法依据或者被实践所公认。法律原则表述应当简洁、准确，具有高度的概括性和含义的确定性。法律原则在地方性法规总则规定中的表述呈现多样化的趋势。第一，法律原则规定的位置。有的总则将法律原则放在主管机关之后表述，有的则在主管机关之前加以表述。第二，表述方式有集中表述和分散表述两种。集中表述易于理解，即将法律原则放在一条中集中表述，或者放在几个前后相连的条款中表述。如《广东省村务公开条例》[3]第 3 条规定："村务公开应当坚持依法、全面、真实、及时、规范的原则，实行事前、事中、事后全过程公开，保障村民的

---

〔1〕 2014 年 10 月 29 日广州市第十四届人民代表大会常务委员会第三十四次会议通过，2015 年 1 月 13 日广东省第十二届人民代表大会常务委员会第十三次会议批准。

〔2〕 2015 年 3 月 26 日广东省第十二届人民代表大会常务委员会第十六次会议通过，根据 2019 年 11 月 29 日广东省第十三届人民代表大会常务委员会第十五次会议《关于修改〈广东省水利工程管理条例〉等十六项地方性法规的决定》修正。

〔3〕 2001 年 5 月 31 日广东省第九届人民代表大会常务委员会第二十六次会议通过，2014 年 11 月 26 日广东省第十二届人民代表大会常务委员会第十二次会议修订，2014 年 11 月 26 日公布，自 2015 年 1 月 1 日起施行。

知情权、决策权、参与权和监督权。"分散表述，是指法律原则在几个互不相连的条文中表述。有学者认为，法律原则应当集中表述，最好在一条中集中表述，至少是在前后相连的条款中表述，原则较多的可在条下分项表述。法律原则散落在互不相连的条款中表述不便于人们理解和掌握，也不利于法规的遵守和适用。[1]立法原则有多项的，应当按其内在逻辑顺序，依照重要程度排列。实施性法规可以引用上位法关于基本原则的规定。

（二）分则

分则部分应当正确体现立法宗旨和立法原则，具体反映所调整的社会关系的行为规范、活动范围和相关程序。一般按照所调整的社会关系的内在发展过程排序，先行政主管部门后相对人、先直接后间接、先一般后特殊的顺序，科学合理地规定国家机关的权力和责任，公民、法人和其他组织的权利、义务和责任。分则部分的内容应当与总则部分的立法目的、立法原则、立法精神和基本制度等内容相协调。分则部分的主要内容应当包括：地方性法规调整对象的权利和义务，行政许可、行政收费、行政强制等行为规范，与实体规范相对应的程序，法律责任和救济条款等。

1. 公民的权利与义务

（1）权利。权利条款的作用在于赋予公民、法人或者其他组织可以作出某种行为，或者要求他人作出或不作出某种行为的权利。设置权利条款，应当遵循下列原则：第一，有利于维护和实现宪法和法律赋予公民、法人和其他组织的合法权益；第二，不损害公共利益和社会公序良俗；第三，兼顾不同群体、不同阶层的利益；第四，规定实体权利时，还应当注重规定实现权利的程序。但法律、行政法规有明确规定的，可以不再重复规定。设定权利，一般用"可以""有权""有××权利"等方式表述。例如"受援人在接受法律援助的过程中有权了解为其提供法律援助的情况……"。

（2）义务。义务条款分为两种：一是命令性规范，即规定人们必须或者应当作出某种行为的规则；二是禁止性规范，即禁止人们作出一定行为的规

---

〔1〕 参见王腊生主编：《地方立法技术的理论与实务》，中国民主法制出版社2007年版，第103页。

则。设定义务，一般用"应当""必须"等方式表述。例如"任何人发现有教唆、胁迫、诱骗未成年人实施违法犯罪行为的，应当立即向公安机关报告"。一个条款一般只设定一项权利或者义务，如果需要在同一条文中设定几项相关联的权利或者义务的，应当分款或者分项逐一表述。实施性法规引用上位法中关于公民、法人和其他组织义务的规定的，应当同时引用对其权利维护的规定。设置义务条款，应当遵循下列原则：第一，义务的主体应当明确；第二，义务的内容应当符合宪法和法律，不能随意设定；第三，义务的内容应当具体、可行，具有客观可衡量性。

特别值得注意的是，2015 年《立法法》第 82 条第 6 款规定："没有法律、行政法规、地方性法规的依据，地方政府规章不得设定减损公民、法人和其他组织权利或者增加其义务的规范。"所以，与地方性法规相比，地方政府规章的义务条款的设定范围是比较有限的。

（3）职责与权限。职责与权限在地方立法中的表述大体有两种：一种是集中表述，主要是规定某一行政主体的职责权限；另一种是分散表述，以行政许可条款和行政强制条款的表述最为典型。

第一，职责条款。职责条款主要是规定某一行政主体在实施本法过程中所应当承担的法定职责，是区分不同行政执法主体的执法权限分工的基本依据。地方立法对职责条款的表述是总结的、概括性的，可以在总则条款中用一条集中表述。如《广东省环境保护条例》[1]第 4 条规定："各级人民政府对本行政区域的环境质量负责，应当采取措施持续改善环境质量。县级以上生态环境主管部门对本行政区域的环境保护工作实施统一监督管理。县级以上人民政府有关部门依法对资源保护和污染防治等环境保护工作实施监督管理。乡镇人民政府、街道办事处和基层群众性自治组织应当协助生态环境主管部门做好本区域的环境保护工作。"也可以分几条表述，如《广东省村务公开条

---

〔1〕 2004 年 9 月 24 日广东省第十届人民代表大会常务委员会第十三次会议通过，2015 年 1 月 13 日广东省第十二届人民代表大会常务委员会第十三次会议修订，根据 2018 年 11 月 29 日广东省第十三届人民代表大会常务委员会第七次会议《关于修改〈广东省环境保护条例〉等十三项地方性法规的决定》第一次修正，根据 2019 年 11 月 29 日广东省第十三届人民代表大会常务委员会第十五次会议《关于修改〈广东省水利工程管理条例〉等十六项地方性法规的决定》第二次修正。

例》〔1〕第 4 条规定："村民委员会主任是实施村务公开的主要责任人。"第 5
条规定："县级以上人民政府统一领导本行政区域内的村务公开工作。开展村
务公开工作的经费补助资金应当纳入同级财政预算。县级以上人民政府民政
主管部门负责本行政区域内村务公开工作的组织、指导和协调。监察、公安、
司法行政、财政、国土资源、农业、林业、人力资源社会保障、住房城乡建
设、审计、信访、卫生计生、税务等部门按照各自职责，协同做好村务公开
的相关工作。"第 6 条规定："乡、民族乡、镇人民政府负责指导村民委员会
完善村务公开规章制度，督查村民委员会履行村务公开职责情况，指导村民
委员会解决村务公开有关异议，对村民委员会成员、村务监督委员会成员进
行村务公开业务培训，并加强对村民有关村务公开法律法规的宣传普及。"

　　第二，行政许可。《行政许可法》对行政许可的事项、权限、程序等内容
作了严格规定，地方立法应当严格依照该法规定相关事宜。地方立法在规定
行政许可时，应当注意以下几点：其一，上位法设定了行政许可，但未规定
行政许可的实施机关的，实施性法规应当明确该行政许可的实施机关和层级；
上位法规定了行政许可的实施机关的，实施性法规不得改变实施机关和层级。
自主性、先行性法规依法可以对某事项设定行政许可的，应当明确该行政许
可的实施机关和层级。其二，上位法对行政许可条件未作规定的，实施性法
规应当明确行政许可的条件，避免采用兜底性条款。上位法对行政许可条件
作了规定的，实施性法规可以不再规定；确需规定的，不得增设其他条件，
不得违反上位法的规定，提高或者降低行政许可条件中的有关标准。自主性、
先行性法规依法对某事项设定行政许可的，应当明确该行政许可的条件。其
三，上位法对行政许可的实施程序和期限没有明确规定的，实施性法规可以
作具体规定，但不得与《行政许可法》的规定相抵触。上位法对行政许可的
实施程序和期限已作出明确规定的，实施性法规可以不再规定。自主性、先
行性法规依法对某事项设定行政许可的，应当明确该行政许可的实施程序和
期限。其四，尚未制定法律、行政法规和地方性法规的，因行政管理的需要，

----

　　〔1〕 2001 年 5 月 31 日广东省第九届人民代表大会常务委员会第二十六次会议通过，2014 年 11
月 26 日广东省第十二届人民代表大会常务委员会第十二次会议修订，2014 年 11 月 26 日公布，自
2015 年 1 月 1 日起施行。

确需立即实施行政许可的，省、自治区、直辖市人民政府规章可以设定临时性的行政许可。临时性的行政许可实施满一年需要继续实施的，应当提请本级人民代表大会及其常务委员会制定地方性法规。其五，地方性法规和省、自治区、直辖市人民政府规章，不得设定应当由国家统一确定的公民、法人或者其他组织的资格、资质的行政许可；不得设定企业或者其他组织的设立登记及其前置性行政许可。其设定的行政许可，不得限制其他地区的个人或者企业到本地区从事生产经营和提供服务，不得限制其他地区的商品进入本地区市场。其六，法规、规章对实施上位法设定的行政许可作出的具体规定，不得增设行政许可；对行政许可条件作出的具体规定，不得增设违反上位法的其他条件。

向许可人申请行政许可的，一般表述为："××的（许可事项），××（申请人）应当××（申请批准）。"或者"申请人应当具备下列条件：（一）××（条件）；（二）××（条件）；（三）……。"例如"高危险性体育项目经营活动实行许可制度。从事高危险性体育项目经营活动的，应当向经营所在地地级以上体育行政部门提出许可申请，并提交以下材料：（一）申请书；（二）工商营业执照；……"。

批准行政许可申请的，一般表述为："××（许可人）应当××（许可程序），在××（期限）内××（作出许可或不许可的决定），并通知申请人"。例如"地级以上体育行政部门应当自收到申请之日起二十日内对申请进行审查和现场核查，并作出是否准予许可的决定。符合条件的，发给经营许可证；不符合条件的，不予许可并书面说明理由"。

第三，行政强制。行政强制，是指法定的行政强制主体，为维持社会的公共管理秩序，预防或制止危害社会或违法行为的发生，或为履行已经生效的行政决定而实施强制手段的具体行政行为。它既涉及社会公共利益的维护，又涉及公民的人身权和财产权的处分与限制。行政强制具体包括行政强制措施和行政强制执行。行政强制措施是指行政机关在实施行政管理的过程中，依法对公民人身自由进行暂时性限制，或者对公民、法人或者其他组织的财产实施暂时性控制的措施。行政强制执行是指行政机关或者由行政机关申请人民法院，对不履行发生法律效力的行政决定的公民、法人或者其他组织，依法强制其履行义务的行为。行政强制条款主要通过规范行政强制的方式、程序等内容，既赋予行政机关必要的强制手段，保障其依法履行职责，维护公共利益和公共秩序，又对行政强制行为进行规范，避免和防止权力的滥用，保护公民、法人和其他组织的合法权益。

设定行政强制，应当符合法律、行政法规的规定，并符合下列要求：其一，符合地方立法权限；其二，确有必要且其他手段不能解决；其三，兼顾公共利益和当事人的合法权益，在保障公共利益的前提下，以最小限度地损害当事人的权益为限度；其四，不得设定限制人身自由的行政强制条款；其五，设置行政强制条款，除明确条件外，还应当同时明确决定主体、执行主体、作出相关处理的期限等程序性规定；其六，设置行政强制条款，一般应当给行政管理相对人留出必要的准备或者自动履行的时间，告知当事人有要求听证、申请行政复议或者提请行政诉讼的权利。

（4）授权条款。授权条款包括整体性授权条款和单项具体内容的授权条款。前者如授权某个部门就法规的具体贯彻实施制定实施细则；后者主要是针对法规中的某个单项的、具体的事宜制定落实方案。整体性授权条款一般在附则中加以规定，而对法规中某个单项内容规定授权条款一般在分则中加以规定。如《广东省城乡生活垃圾处理条例》第8条第3款规定："地级以上市人民政府可以根据本地实际情况，制定城乡生活垃圾分类的具体办法，引导城乡居民分类投放垃圾。"又如《广东省基本农田保护区管理条例》[1]第11条第2款规定："开垦耕地或者缴纳耕地开垦费的具体办法由省人民政府制定。"地方性法规对某项制度只宜作原则规定，不宜作具体规定，需要授权政府配套制定具体办法的，可以授权政府制定。地方性法规的授权性规定一般应明确授权的具体事项、制定的时间等要求。政府应当严格按照授权的具体事项的范围和时间要求制定具体办法。

（5）法律责任。法律责任是指当事人不履行法定义务所承担的责任。它

---

〔1〕 2002年1月25日广东省第九届人民代表大会常务委员会第三十次会议通过，根据2010年7月23日广东省第十一届人民代表大会常务委员会第二十次会议《关于修改部分地方性法规的决定》第一次修正，根据2014年11月26日广东省第十二届人民代表大会常务委员会第十二次会议《关于修改〈广东省促进科学技术进步条例〉等十项地方性法规的决定》第二次修正。

一般位于分则的末尾部分。设置法律责任的目的和作用在于保障法律、法规设定的权力与责任、权利与义务得以有效实施。设定法律责任，应当符合下列要求：第一，符合地方立法权限和法律、行政法规的规定；第二，与具体的行为规范相对应，与法规的禁止性条款或者义务性条款相对应，不得只规定法律责任而不规定相应的行为规范；第三，条款设置应当针对具体违法行为，不得笼统地针对立法目的、基本原则、指导方针等总括性内容规定法律责任；第四，与违法行为的性质、情节和后果相适应；第五，同一法规内部、不同法规之间对性质、情节和后果基本相当的违法行为所规定的法律责任应当基本相当；第六，条款表述应当清晰、明确、严谨，便于理解和执行。

一般情况下，法律责任与行为规范相对分离，不在同一条款中同时规定。地方立法分章的，法律责任的内容一般集中规定在一章中，置于附则前，章的标题一般为"法律责任"；不分章的，法律责任的内容在法规的最后部分集中规定。法律责任分为行政责任、民事责任、刑事责任。行政责任包括行政处罚和行政处分。行政处罚适用于行政管理相对人；行政处分适用于行政管理部门及其工作人员。地方立法不得设定刑事责任。规定民事责任应当符合民事法律规范。

（6）救济条款。国家有关诉讼、复议、仲裁、国家赔偿等相关法律、行政法规对法律救济措施已经有明确规定的，地方立法一般不再规定。根据《行政诉讼法》《行政复议法》的规定，地方性法规可以根据需要，对某项行政行为是否属于行政诉讼受案范围或者在诉讼前是否需要先提起复议作出特别规定。地方性法规、规章授权或者行政机关依法委托具有管理公共事务职能的组织行使行政处罚权的，为便于执行，可以指明对该组织提起复议时的受理机关。

（三）附则

附则是由规定在法规正文结尾部分，作为总则和分则的附属内容的条款所构成的法规正文的一部分。一般包括适用范围的补充规定（如除外、参照执行）、名词术语解释、施行日期、废止事项等。并不是每一个法规的附则都包含上述内容，而是根据法规的实际情况确定所规定的内容，但法规的施行日期是每个法规所必须要规定的内容。在一些结构简单、条文较少的地方性法规中，附则部分往往只有一条关于施行日期的规定。

根据是否在条文中出现附则字样，可以将附则分为两类：明示类和非明示类。对于条文较少、层次较为单一的地方性法规一般不分章，非明示的附则多存在于这些法规中，不出现附则字样但结尾部分有条文规定了附则性的内容，如《广东省村务公开条例》没有设章，但其第 16 条、第 17 条[1]关于参照执行和施行日期的规定实质就是附则的内容。而对于内容较多、结构复杂，需要分章的地方性法规，附则往往单列一章位于法规的最后。

例如，《广东省社会养老保险条例》[2]第八章附则：

第 37 条 社会养老保险由单位所在地社会保险经办机构统一管理。中央、省属和军队驻穗单位由省社会保险经办机构直接管理；驻其他市、县的，可委托所在市的社会保险经办机构管理。

第 38 条 省、市、县补充养老保险办法由省、市、县人民政府制订。单位补充养老保险办法由单位根据有关规定制订。本条例除特指补充保险的条款外均为法定基本养老保险条款。

第 39 条 省人民政府根据本条例制定实施细则。

第 40 条 本条例自 1998 年 11 月 1 日起施行。

第四节 地方立法的语言

一、立法语言的基本要求

法的制定并非目的，有效实施才是关键。因此，在合理设计法的内容的

---

〔1〕《广东省村务公开条例》第 16 条规定："村民小组务、村集体经济组织的资产与财务、社区居民委员会居务等公开参照本条例规定执行。"第 17 条规定："本条例自 2015 年 1 月 1 日起施行。"

〔2〕 1998 年 9 月 18 日广东省第九届人民代表大会常务委员会第五次会议通过，根据 2012 年 1 月 9 日广东省第十一届人民代表大会常务委员会第三十一次会议《广东省人民代表大会常务委员会关于修改〈广东省固体废物污染环境防治条例〉等七项法规中有关行政强制条款的决定》第一次修正，根据 2014 年 11 月 26 日广东省第十二届人民代表大会常务委员会第十二次会议《关于修改〈广东省促进科学技术进步条例〉等十项地方性法规的决定》第二次修正。

前提下，"易读、易懂、易操作"应当成为法的表述的最高原则和基本准则。一部优秀的法律文本必须"写得一清二楚，十分明确，句稳字妥、通体通顺，让人家不折不扣地了解你说的是什么"，[1]无论阅读者还是司法者、执法者抑或守法者，也无论其具有怎样的教育程度和专业知识，都能"不折不扣"地理解法的原意，并据此行动办事。

一般来说，地方立法的语言应符合以下基本要求：第一，符合国家通用语言文字规范；第二，使用的概念、术语以及规范同类事项的用语应当与法律、行政法规保持一致；第三，同一地方立法中使用的概念、句式和表述方式应当保持协调一致；第四，不同地方立法对同一或者同类事项的表述应当保持基本一致；第五，立法语言应当准确严谨、具体明确、简洁精炼，避免累赘冗长、同义反复，避免使用夸张、比喻以及带有感情色彩的修饰性语言，避免使用宣言性、论述性语言；第六，地方立法引用上位法的条文，应当秉持严谨、科学的态度，注意引用的完整性、准确性和必要性，不能随意拆合、拼凑。上位法中具有承上启下、前后贯通重要作用的支架性、过渡性、连接性条文，地方性法规可以引用，引用时，对具体条文的表述应当完整。

二、句式的使用

地方性法规中的句式应当完整、明确，符合语法规范，词语搭配合理，避免使用长句。

（一）法律规范的句式表述

1. 权利性规范

一般在被授权主体之后使用"可以……""有权……""有……权利""……不受干涉""……不受侵犯"等句式表述。

2. 义务性规范

一般在义务主体后使用"应当……""有义务……""有……的义务"

---

[1] 叶圣陶："公文写得含糊草率的现象应当改变"，载《新华半月刊》1957年第15期，转引自：徐向华主编：《立法学教程》，上海交通大学出版社2011年版，第310页。

"有……责任"等句式表述，不使用"要"和慎用"必须"的用语。

3. 禁止性规范

一般使用"禁止……""不得……"等句式表达，不使用"严禁"等带形容性的词语。

4. 授权性规范

一般表述为"……由××部门（组织）负责""××部门（组织或者机构）可以进行……""……的办法（规定或者标准）由××制定"等。

（二）地方性法规中的常用句式

1. "的"字结构

是指结构助词"的"附着在名词、代词、形容词或者动宾词组之后的一种无主语句式，使地方性法规的条文表述简化，用于条文假定部分的表述，指法律规范所适用的条件、主体、范围等，一般表述为"……的，……"。

2. 但书条款

是指以"但"或者"但是"引出的一种特定句式，表示对前文所作规定的转折、例外、限制或者附加条件，多用于条文句尾。

（1）表述例外情形。当地方立法设定的行为规范可能与其上位法或者其他相关法律、行政法规有交叉，为了不与上位法相抵触而专门作的"但书"表述。一般表述为："……但法律、行政法规另有规定的除外（从其规定等）"。例如《广东省法律援助条例》[1]（2006）第 12 条第 1 款规定："有下列情形之一的，法律援助机构不予法律援助：（一）申请事项不属于人民法院或者仲裁机构受理范围，或者申请事项已超过诉讼时效或者仲裁时效的；（二）申请劳动争议仲裁超过劳动争议仲裁申请时效的；……"。第 2 款规定："法律法规另有规定的从其规定"。

（2）表达限制情形。一般表述为"但（但是）……不（不得）……"。例如"在允许拖拉机通行的道路上，拖拉机可以从事货运，但不得用于载人"。

----

〔1〕 2006 年 9 月 28 日广东省第十届人民代表大会常务委员会第二十七次会议修订，2007 年 1 月 1 日起施行。

（3）表达附加情形。一般表述为"但（但是）……，可以（应当）……"。例如"……违章行为或者事故处理完毕后，应当及时将所扣证件归还当事人。事故尚未处理完毕，但归还暂扣证件不影响事故处理的，也应当归还"。

3. 例外规定

是指以"除""外"搭配的句式，用于对条文内容作扩充、排除和例外规定的表述。对条文内容作扩充表达的，置于条文中间，表述为"……除（应当）……外，还（应当）……"；对条文内容作排除、例外表达时，可以置于句首或者条文中间，表述为"除……外，……"或者"……除……外，……"。

三、词语的使用

地方性法规应当避免使用生僻词，避免使用模糊性的修饰词和口头用词，避免生造词语。具体而言，有如下要求：

第一，地方立法引用组织机构、法律法规名称等应当使用全称。名称过长需要使用简称的，应当在法规正文首次出现时在括号中予以注明。

第二，地方立法条文一般使用"可以""应当""或者""如果""按照"等双音节词语，不用"可""应""或""如""按"等单音节词语。

第三，地方性法规中常用词语的使用和含义：

（1）表示政府的词语。表述人民政府用"省和市、县人民政府""广东省各级人民政府"或者"县级以上人民政府"。在一般意义上表述乡镇一级政府可以用"乡镇人民政府"来表示，但在涉及民主政治建设方面的地方性法规中应当用"乡、民族乡、镇人民政府"。

（2）表示主体的词语。表述普遍主体一般用"组织和个人""公民、法人和其他组织"。地方性法规尽量不使用"自然人"；一般情况下，地方性法规不使用"人民群众"。

"机关"一般包括人民代表大会及其常务委员会、人民政府、人民法院、人民检察院；"部门"一般包括人民政府所属的厅、局、委、办；"机构"一般包括部门、团体内设的组织；"单位"泛指一切组织；"相对人"泛指应当接受行政管理的公民、法人、企业事业单位或者其他组织。

表示被追究法律责任的主体时，如果需要追究单位领导的责任，表述为

"直接负责的主管人员";需要追究具体工作人员责任时,表述为"其他直接责任人员"。

（3）表示义务的词语。"应当"与"必须"用于规定某种义务,二者含义相当。规定义务时,一般使用"应当",不用"必须";规定某项在任何情况下都要履行的义务,且设定明确的法律责任的,或者法律、行政法规对该义务的表述用"必须"的,地方性法规可以使用"必须"。

（4）表示禁止的词语。"不得"与"禁止"用于规定对某种行为的禁止,二者含义相当。"禁止"多用于无主语的祈使句,限制普遍性的行为;"不得"用于有主句,限制有具体环境、具体主体的行为。地方性法规一般不用"严禁""不准""不能"等词语。

（5）表示权利的词语。"有权"与"可以"用于规定某种权利或者自由。"有权"一般用于赋予主体某项权利;"可以"一般在法规规范具体行为时使用。

（6）表示并列关系、选择关系的词语。表示并列关系一般用"和"连接。多个对象并列的,前面用顿号连接,最后两个对象用"和"连接;无法全部列举的对象,用"以及"加限定性描述来代替。

表示选择关系一般用"或者"连接。使用"或者"连接词语或者句子时,应当注意不同对象的层次关系,不得将不同层次的对象并列,必要时可以通过标点符号予以区分。

（7）表示区域的词语。表述地方性法规的适用范围时,省和市、县一般用"行政区域",不使用"辖区""地区";乡镇、街道办事处用"辖区"。

（8）表示数量上下限的词语。"以上""以下""以内"包括本数在内;"不满""以外"不包括本数在内。

（9）表示法律规范依据的词语。"依照"一般用于规定遵循上位法的情况;"按照"一般用于规定遵循同位法和本法规;"参照"一般用于适用范围的延伸,指在遵循基本法律规范的前提下,可以适用性质相近的其他同类规范,参照对象可以是上位法,也可以是同位法。地方性法规一般不列举下位法作为行为规范的依据,也不宜出现"按照规章"设定行为规范的表述。

（10）表示未穷尽列举对象的词语。"等"用于不能周延的列举事项之后，其所指代的对象或者所概括的情形应当与已经列举的对象性质相同或者类似；需要对主体、条件、范围、标准、处罚的事项作周延性表述时，也可以用"其他"加限定性描述来表示。

（11）指示代词。地方性法规中的指示代词，不论是指人或者指物，均用"其他"，不用"其它"。地方立法中不使用具体性别差异的人称代词（她、他）和物主代词（他的、她的）。行为主体一般均以实写表示，需要指代时，以指示代词"其"表示。

四、数量词的使用

地方立法中数词和量词的使用应当符合法定标准和习惯用法，标准、叙述方式前后应当统一。具体而言，有如下要求：

第一，章、节、条的序号用汉字数字依次表述，款不编号，项的序号用汉字数字加括号依次表述，目的序号用阿拉伯数字依次表述。地方性法规中引用项时，统一为"第（×）项"；涉及法律、法规条目序号的引用，三个以上连续序号的表述统一为"第×条至第×条"，不连续序号的表述统一为"第×条、第×条"。

第二，地方性法规标题的题注和正文中的日期，均使用阿拉伯数字，年份不得简写。人民代表大会及其常委会的届次和会议次数，使用汉字数字。

第三，人数、年龄、时限、期间、序数、量数、比例数、百分数、倍数以及罚款数额使用汉字数字。含有日月简称表示事件、节日和其他意义的词一般用汉字数字表述。表示具体时间点的，用汉字数字表示。

第四，"二"和"两"的使用。"二"在条文中一般只作为序数使用，例如"第二种"；或者作为款下设项时的序数使用；也可以在表示小数、分数、百分数和多位数时使用，例如"零点二""三分之二""百分之二""二百二十"等。在一般量词前，表示数量的多少要用"两"，例如"候选人两人""两年以上""两个月内""两次申请"等。

第五，专用术语、定型词组中的数字按照惯例表述，词组、惯用词缩略语和专用词语中作为词素的数词用汉字数字表述。

第六，地方立法中需要使用量词时，应当使用法定计量单位，不宜使用非法定计量单位。国家明文禁止使用的长度、重量、面积、体积的数量单位，如公尺、公分、丈、寸、斤、担、立升、公升、平方公尺等，不得在地方性法规中使用。时间单位统一为年、月、日三种，不用星期、周、天表示。日一般指自然日；需要明示为"工作日"的，用工作日表示。

五、标点符号的使用

地方性法规中标点符号的使用应当符合《标点符号用法》的规定。具体而言，要求如下：

第一，地方性法规中多个对象并列的，一般用顿号连接；所列举对象内部有顿号的，可以用逗号连接或者用文字来表述。在使用上述符号进行连接时，应当注意所列举对象的层次，不得将不同层次的对象作为同一层次来连接。

第二，分项表述的，除最后一项末尾用句号外，项的末尾用分号；分项中间使用了分号或者句号的，项尾统一使用句号。

第三，凡引用法律、行政法规标题时，统一使用全称并使用书名号，但注明简称的除外。

第四，除题注、需要注明简称、补充表述以及项的序号外，地方性法规中一般不使用括号。

第五，不使用"?""!"等标点符号；除引用方针、原则等文字用引号外，一般不使用引号。

第七章 域外地方立法制度的发展与实践

第一节 概　论

对不同法域之间的法律制度进行比较研究，研究目的都出于"他山之石，可以攻玉"这种考虑，了解域外地方立法的一些做法，也不外乎为此。制度之间的比较，可能会促进经验的借鉴、制度的移植，也可能会对并不那么成功的体制进行原因分析。然而，从当代中国法的发展经验来看，借鉴域外制度或经验，必须满足多项条件。

首先，特定的研究目的非常重要，它决定了研究对象、研究范围与分析标准的选择依据。简单来说，为什么要关注域外地方立法制度中这些内容而不是其他问题，为什么要关注这些域外地方立法而不是其他国家或地区的立法，为什么域外地方立法的部分特点和发展趋势值得我们关注而不是其他特点和经验，要为地方立法研究的具体制度提供什么借鉴，这是最直接的研究任务，它们决定了材料选择和组织的标准和方式。从更贴近服务于全书写作目的的角度来说，这里固然需要选择个别域外地方立法制度进行介绍，但为防止对域外制度只流于制度的翻译、介绍或其他信息的传播，也不至于和书中其他部分发生重复，本书首先会对域外立法制度进行特点分析和模式总结，并试图将比较借鉴等研究任务和分析目的贯穿于整个比较分析知识结构和分析路径。

其次，在选取域外的相关制度内容进行比较分析的时候，必须要考虑的是制度背景和特定制度之间的可比性，尤其应当关注制度土壤是否具有相似

性或相通之处。出于这种考虑，在制度介绍的时候，为了防止过于流于形式
或太抽象的概括，会引入部分背景或更具体的枝节，辅助理解。

　　最后，一个容易混淆的问题：到底是要进行"比较研究"还是"比较法
研究"？针对这个问题，倪正茂教授专门就比较法研究方法论的论著中，就在
铺开系统的论述之前，提出过"比较法"（Comparative Law）已经有了概念滥
用之嫌，为了和"实体法"层面的制度规范相区分，并且更符合研究的目的，
"比较法学"（Study of Comparative Jurisprudence）[1]——我们并不希望在这一
章将其他各章或者其他专论著作可能进行的域外制度规范，逐国、逐地区地
进行再陈列，而且为了保证本书整体的研究逻辑严密、一致，对域外制度立
法例或立法实践方式专章进行泛泛介绍，不但研究意义不大，篇幅也难以全
貌呈现。

　　因此，域外地方立法制度与实践在素材上虽然繁多，且不断在实践中丰
富发展其形态，本章的总体安排希望比较集中地关注从制度模式的类型化分
析、制度特点背后的价值理论基础、制度实践的发展趋势等角度，把握域外
地方立法制度科学构建和发展中存在共性的规律和特点，并挑选部分地方立
法的专门制度作简单介绍。

　　就比较法学对立法学的比较研究模式来看，主要指的是横向比较国家层
级的立法体制和立法方式，关注的方向包括各国立法所依赖的国情背景——
广义上还包括特定制度的时代背景和国际环境，比较范围包括立法体制当中
的立法权、价值理念、原理和原则、程序机制等，也包括立法技术和立法语
言等内容。这里要进行地方立法学的比较研究，基本范围并没有根本超出这
些内容。不过为了在比较集中的篇幅中进行更有意义的比较，无论是脱离国
情来分析立法权的配置、立法制度的内容还是机制的运作，又或者是相反，
强调分析立法背景的作用而忽视了地方立法作为独立的研究对象，它所具备
的相对独立的、具有普遍适用性的原则、原理或技术性内容，则是与全书的
目标背道而驰的。故此，本章在展开比较分析的框架时，以类型化的制度模
式、制度内容、程序和技术等机制作为主体，通过其中的特点阐释，尝试把

---

　　[1]　参见倪正茂：《比较法学探析》，中国法制出版社2006年版，第3~5页。

域外地方立法的制度背景、理念、价值等根据比较分析的重点作针对性的介绍和分析。

第二节　域外地方立法的制度模式与特点

域外地方立法制度，从我们分析国内的制度原理与体制规范的思路来看，研究所关注的对象和范围，可以借以参照搭建我们分析域外地方立法制度的研究框架：从整个国家权力体制配置的角度来看"地方"及其所享有的立法权，地方立法的渊源形式，地方立法的原则和规范、程序、技术。因此，这一部分域外立法制度的分析，也将从地方立法权的配置制度模式着手来展开分析。

地方立法权是"地方立法"的起点与核心，这主要取决于宪制结构中如何安排中央与地方关系，除了传统的联邦制和单一制这两种纵向权力配置集体制分类所揭示的地方立法权配置模式的差异，自二十世纪六七十年代开始，欧洲传统单一制国家包括英国、西班牙、葡萄牙等国家开展了地方分权改革，而美国作为联邦国家则随着国内统一大市场的形成和各州交往的深入，联邦权力的扩展则成为另一种运动趋势。整个政治体制内部纵向权力结构的这两种运动趋势，引发地方立法权的配置体制从主体与权限都经历了从制度到实践上的一系列变化。

以西方代议制民主所架构的立法权体系来看，不同国家的地方立法权从宪制定位、权力逻辑与改革方向上分别存在各自的特点。常见的比较对象主要是美国和英国。

以美国为代表的联邦制，与地方立法权匹配的"地方"分为两种，一种是各州立法权（State Legislation），还有一种则是奥斯特罗姆所分析的"地方政府"（Local Government）。从"美国银行案"的审理意见可以看到，马歇尔坚持（联邦政府）"……直接来自人民；它在人民的名义下……它既不需要各州政府的肯定，又不能被其否定"。[1]这与《联邦党人文集》当中麦迪逊所说

---

〔1〕　参见张千帆：《西方宪政体系》（上册：美国宪法），中国政法大学出版社 2000 年版，第 116~119 页。

的"虽然两种政府被任命的方式有所不同，我们必须考虑到他们实质上都是依靠合众国全体公民的。……联邦政府和州政府事实上只不过是人民的不同代理人和接受委托的单位……"一致。[1]可以看到，州立法权的来源和定位是人民授权的，是源于各州宪法性文件这套单独权利让渡契约产生的结果。即，州立法权所代表的是一种具有原生性、政治性的立法权。然而除了具有主权性质的联邦与州立法权，在后面的制度介绍中会再次提到，不同形态的"地方政府"所具有的法律上的立法权，才更对应我们习惯所说的地方立法权，它们的权限、行使方式则因其所在州的宪法与法律规定，以及联邦在不同领域的法律文件授权，规定各有不同，但是在其权力来源的性质判断上，应当和各州所享有地方立法权区分，这些地方政府的地方立法权，最基层的级别有部分自治性质，但更多在各州范围内，类似单一制国家的授权立法。

　　传统的英国地方政制是中央集权的单一制国家，不过当代其地方制度改革则成为其政治制度中非常值得关注的部分。二十世纪七十年代，英国发布《地方政府法案》（1972）["Local Government Act"（1972）]启动了地方分权改革，1974年4月1日开始系统推行。要理解英国地方立法，必须区分不同地区——英格兰、威尔士、北爱尔兰和苏格兰，他们在历史文化等诸多因素影响下，分别在英国内部形成相对独立的法域。英格兰和威尔士地区相对类似，除了大伦敦地区和锡利群岛以外，他们的地方政府主要指83个郡（County），其下设区（District），在大部分地区，从郡、区到下级教区、乡，原则上都有地方选举产生的自治议会，根据议会法案授权的权限独立行使地方立法的权力，地方政府也可以特别申请英国议会批准立法授权。总体来说，地方立法的权限是相对有法律明确保障的独立性，然而中央仍有比较广泛的干预权力，主要表现在行政体系的政府领导关系上，地方的议会以及类似组织在法律地位上是相互独立的，对本地选民负责，然而值得注意的是其权限范围一般是比较有限的。不过到二十世纪七八十年代，英国的地方分权仍被认为是相当有限的，"与中央政府所掌握的权力相比，地方政府负责的事务，

---

　　[1] 参见[美]汉密尔顿、杰伊、麦迪逊：《联邦党人文集》，程逢如、在汉、舒逊译，商务印书馆1982年版，第240页。

只不过是一些杂务……地方政权不过是中央政府的'代理机构'"。[1]二十世纪九十年代之后,地方分权运动趋势强化,北爱尔兰、苏格兰地区,包括威尔士地区,1997年之后,根据地方法案,分别在宪法律层面获得了稳定明确的自治权,这一标志性事件称为"权力下放"。根据法案,1999年5月上旬苏格兰和威尔士相继成立地方议会,其中根据1998年的《苏格兰法案》(Scotland Act),苏格兰地方议会的立法权限非常广泛,在实践中,英国中央政府更多地通过政治影响等方式对其立法进行协调与立场引导,不再直接干预。相对来讲,威尔士地方立法权限则更严格地受到英国议会的限制,中央所保留的权力更为广泛。

总体来说,从布莱尔所领导的工党执政开始,虽然工党政府相对保守党更倾向中央集权,但从政纲内容看,地方分权改革的进程明显加快。在布莱尔的千禧年改革愿景,1999年发布的《现代化政府白皮书》的相关讨论文件中,当时政务部长 Ian McCartney 就在动议和讨论环节提到地方政府改革的一个理念是"简化政府"(Simplify Government),使之更贴近所服务的人民,强调公共服务"传达"(Delivery)机制落实到"社群"(Communities)中的改善。[2]

由于英国工党在2000年开始推行地方政府改革,其中重要的一项是《地方政府法案》(2000)[Local Government Act(2000)]将民主选举适用于市长等行政长官的任命程序当中,这给地方立法带来的最大变化是在既有的、法律保护的专属地方管辖的事项内,中央的干预进一步淡化,这是英国前首相布莱尔在他的白皮书中提到的"好的地方政府能给我们的生活带来巨大变化"。他所代表的工党政府致力于将地方治理和管理事务逐步下放到"社区"(Communities),在这个过程中,中央的放权是非常显著的,相应地强化了地方立法主体产生机制的基层民主色彩。

---

〔1〕 吴德星:"论权力的分工与制约——各国制衡制度比较研究",载宪法比较研究课题组编:《宪法比较研究文集(2)》,中国民主制出版社1993年版。

〔2〕 Relevant document: The evidence taken by the Select Committee on Public Administration from the Minister for the Cabinet Office on 23 November (HC 40 – i),载 http://hansard.millbanksystems.com/westminster_hall/1999/dec/09/modernising-government-white-paper. 最后访问日期:2018年10月16日。

　　总而言之，在当时，工党试图推行的地方政府改革对于单一制的英国，被认为是具有宪法性变革的意味，《地方政府法案》（2000）［Local Government Act（2000）］推动具有依附性的地方政权（Local Authority）向具有更加独立地位的方向转变。2009 年 4 月之后，27 个郡再分为区，并统设一个郡议会（County Council）。值得关注的是，其中有六个覆盖大部分大都会（Metropolitan Counties）构成的城市圈，按照现行的行政区划体制，并没有郡议会。地方立法等决策领域，为了协调事实上关联性很高的社会事务，以区为单位进行郡一级的跨区域行动协调和行动联合是实践中的做法。

　　另一个具有传统中央集权特色的国家，法国，自 1982 年以来，以《关于市镇、省和大区权利与自由法》的颁布实施为标志，开始了地方分权和权力下放的改革，通过推行大区制改革、地方自治以及地方选举（"地方公投"），试图改变地方对中央存在的过高行政依赖，鼓励市镇因地制宜，制定本地在土地和资源利用、城镇规划、环境保护、就业、农村治理等领域中，由地方当局的自主治理权力与责任，中央逐渐转为地方之间的"仲裁者"。[1]进入千禧年之后，中央通过行政合同和授权等形式，向"大区"授权，促进这一级"由虚向实"发展。[2]根据 2003 年《关于共和国地方分权化组织法》和现行法国宪法，法国地方有权选举地方议会实行自治，其中就包括了广泛的地方自治立法权力，中央在地方实施权力的方式，从 1995 年开始，就在法律上被定义为与地方之间"协作"。

　　地方分权自治改革不但发生在欧美国家或地区，日本在二战后推行的民主改革中，地方自治改革、以宪法划分中央与地方之间的权限，也是非常重要的内容，地方不但在自治权限内有相当独立的立法权能，更重要的是地方社会选举公共团体自治构成"自治立法权"的重要行使主体。2000 年，日本《地方自治法》进一步被大幅度修改，《地方分权总括法》中对地方立法权有了更加完备、系统的规定。然而从实证的研究评价来看，日本这种以行政官

---

　　〔1〕　参见［法］弗朗索瓦·密特朗：《此时此地——同居伊·克莱斯的谈话》，黄建华、余秀梅译，商务印书馆 1982 年版，第 150～154 页。
　　〔2〕　参见上官莉娜、李黎："法国中央与地方的分权模式及其路径依赖"，载《法国研究》2010 年第 4 期。

僚体制为主体的地方分权改革，虽然设定了地方在自治事务领域的行政自主立法权，但由于法律对行政官僚体制内部的既有规则已经非常明确，故"不违反法令的条件下"的自主立法权，起码在地方行政管理事务层面都是相当有限的。[1]

另一种具有特色的域外地方立法，是单一制国家中广泛存在的具有特殊宪制地位的地方所享有的特殊立法权，如英国苏格兰地区，希腊的阿尔索斯山区，法国的科嘉西岛，荷兰的库拉索岛、圣马丁岛，以及日本 1999 年根据修改后《地方自治法》所开始设立的"特例市"等，它们和中国的民族自治地区、经济特区以及行政特区具有相似之处：他们在单一制国家内享有特殊的宪法授予的自治权限，其立法权因此也具有了特殊的性质和制度功能。

除此之外，随着欧盟的发展，"超主权国际组织"对成员国地方立法的直接影响效力也是值得关注的，和传统国际组织的最大区别在于欧盟为了强化其成员国之间的一体化，强调欧盟立法在成员国内的直接适用效力，这当然也包括了对地方立法的直接影响，包括欧盟立法在法律渊源体制中直接构成地方立法制度的上位法，以及地方立法要接受欧盟立法以及政策的一系列精神，其中非常值得关注的是欧盟还会针对不同制度对地方政府实施评估，事实上构成了对成员国地方立法的评估和监督。

总的来说，在正式的权力配置体制中，起码从地方公共事务治理的领域来看，地方政府或地方议会作为一级独立的立法责任主体地位，普遍具有强化趋势，固然这符合立法效益层面的要求，能够更及时地回应地方社会事务的立法需求，并且在制度的传递链上更少地发生信息损耗以及其他层级式的传输成本，这一点波斯纳法官就以卡翠娜飓风处理事件为例，以制度经济学分析方法，曾经指出过"Decentralization"的优势。[2]对地方作为一级独立的立法主体在宪制地位上的重视，也与民主化发展密不可分，在欧洲大规模地改变中央集权模式推行地方分权的时间也和葡萄牙、西班牙在二十世纪六七

---

〔1〕 参见 [日] 喜多见富太郎："'三位一体'的地方分权讨论中所缺乏的视角"，载 http://www. rieti. go. jp/cn/columns/a01_0084. html，最后访问日期：2016 年 9 月 17 日。

〔2〕 参见 Richard Posner. Federalism, Economics and Katrina，载贝克－波斯纳（becker-posner）的 2005 年 10 月 9 日的博客。

十年代的民主化改革时间是契合的，可以认为地方立法权的强化是民主化改革中最重要的制度共识之一。

然而地方立法权自主性的强化，包括体制地位的明确、权限范围的扩大以及对地方社会民主回应度的提升等，都不意味着地方因此成为更加割裂的单位。相反，随着经济的全球化、信息交互与交通的发达，社会交往密切的程度空前强化而不是割裂，地方虽然更强调自己的特有立法诉求与模式，但在公共事务领域，内容不可否认还是具有一定的趋同化以及跨地方整合的诉求。

因此，始终不可忽视的是中央以及国际组织等更高的政治共同体单位，仍采用了多种方式对地方立法以跨区域整合为目标进行干预、协调、引导以及监督。所以在地方立法这个视域中，多层级立法权之间的博弈应当被认为是强化了而不是弱化，没有一级立法权是真正地退出了地方立法过程，通过如美国的宪法诉讼机制、英国中央政府内阁大臣的政治协调机制，以及如法国那样的大区行政首长会议协调机制，博弈的过程相对规范稳定，中央对地方立法过程的介入更加隐晦以及灵活多样。即使在有比较强势中央集权传统的国家，对地方自主立法权的依法监督也逐渐取代了直接的监管。

第三节　域外地方立法制度的发展背景

一、作为民主化改革的地方分权

域外大规模地方立法权体制的变革兴起于二十世纪六七十年代，欧洲地方分权制改革开启的标志是西班牙弗朗哥独裁政权的覆灭所开启的以地方分权改革为主要内容的民主改革。

不过"地方分权"与正式制度上的地方立法还存在不同之处，首先就发生在对主体"地方"的界定上，这直接决定了地方立法制度在深层次结构和实质内容上的变化趋势。

从获得正式体制地位的主体来看，美国"地方"包括了联邦各州、各州以内的各级地方政府，英国包括地方议会、地方政府，法国的地方包括了大区、省、市镇"当局",日本既有依法选举产生的地方自治团体,也有向中央自治大臣直接负责的地方行政长官及行政官署。表面上,这些"地方"组织名称各有不同,更重要的是其组织产生原则、运行责任制也各不相同,由此其所践行的民主模式也各有不同。

另一个影响地方立法体制的关键词是"分权"。从法国和日本的例子来看,依托行政权的分权(Decentralization)赋予地方在本级行政事务和地方社会公共管理事务方面的行政自主权,其中包括地方行政立法权。而美国各州立法权与英国苏格兰议会这类享有比较完整自治权,甚至在权力来源上强调宪制承认的原生性、政治性特点的,其地方立法权则更为广泛和独立。不同地方立法权在民主化的进程中发挥的影响力显然是不同的,但无论是从脱离行政层级依赖的角度,还是尊重地方独立治理诉求的角度,地方立法权在宪制结构上的独立,"地方"获得独立的制度话语权,都可以归结为基层民主和实质民主的重要发展。

二、地方政府行政立法的扩张与强化

从纵向结构上的地方分权改革,整体提升了地方立法权所存在的地方一级政权的自主空间,从地方政权内部来看,地方立法权积极活动更多是通过地方行政立法的活跃性体现出来的。也就是说,除了地方代议机构或地方权力机关以外,地方政府的行政立法,受到整个权力体系内行政权力扩张的影响,呈现出扩张与强化的趋势。

从中央到地方,法治国走向"行政国家"模式是一个重要的趋势,这在欧洲福利国家制度模式出现之后更加强化。从地方立法所涉及的事务性质来看,地方财政、教育、社会福利保障与环境保护等公共行政性事务占据了绝大部分,所以从绝大部分国家的统一立法规范体系来看——以广义的角度理解的话——地方立法中扩张最迅速、社会覆盖面最广并且最为深入的立法规范是类型繁多的地方政府行政立法。1998年至1999年间英国在苏格兰、威尔士、北爱尔兰地区先后专门建立地区议会,就是突出的例子。

三、社会治理结构的建制化

弗朗西斯·福山赖以成名的理论"历史的终结"将美国所代表的西方民

主制设计看作是最后的、最高级的民主实现形态，在立法层面所描述的，理论上呈现为托克维尔所赞颂的基层乡镇和城市自治、城市中基层社区自治，这些自治在州宪法和联邦宪法的规范和协调下，达到了"历史形态的终结"。在地方立法领域，表现为各类地方自治式章程和地方议会的自主立法，和大多数的行政国家分析理论相反，中央政府和统一立法仿佛退回到更加消极的地位中。

一方面，前文已经说到，这是和行政国家所揭示出的，资本主义国家通过积极立法推行积极行政权力的实践状态并不相符合的——如果从反面来理解的话，2017 年特朗普代表共和党执政之后，首批针对民主党执政时期政策改革的设计中，就有"简政日程"，即去规则化（Deregulation Agenda），要大幅废除行政规章等立法文件，这实际正印证了国家长期以来积极立法所带来的法令繁多的现实。

另一个现实是福山终于在伊拉克战争之后，承认"华盛顿模式"的失灵。这并不是仅仅谈到华盛顿模式还是北京模式的选择问题，或者二者谁更具有普适性的价值，问题在于，从地方立法的角度来看，如果传统的基层建制民主结构，发生了代表性的问题，那么还要采用什么路径来对地方事务制定规范化的管理规则？

这就不得不跳出建制化的思考路径，对于地方社会公共事务的规范化模式，如果不是从正式权力结构当中来找到权威，目前最值得引起重视的就是社会治理理论。需要说明的是，并不是说社会治理理论的规范化模式和正式权力体制内地方立法的模式是非此即彼的，二者毋宁说是相互促进和补充的。世界银行针对非洲治理危机提出这个理论范式之后，其最大的贡献，在于在地方立法的视域中，提供了一种社会自主治理、创建规范体系，以及多极理性对话、有序参与正式规范形成过程的思路，是正式权力体制外社会资本建制化的新路径。

四、经济全球化与地方立法的国际性

地方立法改革和发展的一个重要的背景是经济全球化，在这个趋势中最直接影响地方立法的是国际商贸活动带来的挑战，对于欧洲而言，欧盟的发展影响更加深入。

最普遍和直接的影响是作为国家之一部分，国家所负有的国际法义务，包括在国际条约和国际组织中的义务等，都直接构成地方立法过程中必须遵守的上位法。传统的做法包括直接适用和转化适用，原则上属于一国立法体制中所采取的不同立场问题。但是欧盟的出现是一个重大的变化，成员国对欧盟法律的直接适用义务，更加深刻地将"地方"纳入到跨主权区域的全球化社会经济发展格局中——当然一个值得在未来一段时间内进行观察的是英国在退出欧盟之后，其地方立法格局可能发生的变化，尤其是对其"留欧派"而言，到底如何应对新的国际格局，其过去地方立法中因为和欧盟法律体制直接挂钩，而在"脱欧"之后可能发生的变化，这是经济全球化深刻影响地方立法的现实例证。

第四节　域外地方立法体制的发展趋势

一、立法主体多元化

立法本质上是正式分配资源的最首要环节，它决定了分配的规则，因此在立法程序中，越充分的多元博弈，越能够促进规则的可接受性。从全国性立法来看，这种博弈过程，通过民主制各种实现结构与实践局限都已经说明，可能在更高几率上造成对个体或者少数者的利益诉求的压抑，甚至牺牲。相较而言，在地方层面，地方社会力量的参与程度与博弈的充分程度——就哈贝马斯所设计的交往与对话理论模型来看，无疑都是更加理想的，换言之，其博弈的过程可能更加充分，尤其是对相对全国范围内具有特殊诉求的利益群体而言，在地方立法中其发言权则更加具有影响力。

地方立法中各方博弈的充分程度与有序性，取决于体制层面所囊括的参与主体。参与立法的主体日趋多元，可以说是立法民主化的首要体现。

不过这里需要强调，立法主体的多元化应当区分为立法权内分享决策权的主体，以及参与到立法过程中的主体两种。

从权力而言，最终立法权的决策环节，在现有体制下很难实现多元，一般如欧美国家的两院制已经属于内部的分立和制衡，但归根结底在行使权力的时候仍是一个权力主体，这是和主权国家权力的统一性相关的。和地方立法相关的，一般是指向更多的地方级政治实体进行立法授权，其中包括地方性代表机关，如地方议会、地方行政机关，或专门的地方组织，同时还可能因为地方在层级上组织形态的变化，纵向维度的授权对象发生变化，例如美国部分州地方之间的合并、联合成立跨行政区域治理组织，前者变更的只是边界，后者则根本突破了传统地方政府的管辖界限，在这种情况下，获得地方立法权授权的法律主体趋向多元。

　　另一个更为普遍的是参与地方立法过程的主体多元化。除了传统的有权机关和个体，社会的组织化是一个重要的基础。在组织多元化的基础上，参与者的多元呈现出话语的专业性和意见代表性的增强，伴随着参与对话的有序性和利益博弈的立体化，极大地推动了多元参与向实质民主纵深发展。

　　社会组织的多元化一般发生在社会公共事务领域，与市场政策、社会发展程度、社会阶层整合程度以及相关领域的专业性、风险性相关，和地方行政立法的发达程度密切相关。

　　需要指出的是，这种社会组织代表专门的利益群体的做法并不是新创。可以说英国在十九世纪的公法人制度，能够根据成文法的规定或者英王的特许而设立或获得授权，就已经有了这种先例，当时比较早的是主教获得特别的"法人"身份代表宗教意见。更进一步广泛适用在不同的国家有不同的原因。比如美国，受到资本主义国家自由市场传统意识形态的影响，政府的组织扩张是受到警惕的，也是受到联邦宪法和州宪法之间分权结构的限制，因此设立独立的管制机构、独立委员会或地方的专门性的管理组织，如各州普遍针对区域交通和土地开发设立的交通运输管理局（MTA）等，就属于此类，它们一般是根据特别授权设立的，如著名的州际贸易委员会是根据 1887 年《州际贸易法案》所设立的；各州层级以下的区域性管理组织则一般具有州宪法或州政府的认可或授权。这些组织虽然不是"地方政府"或专门的立法机关，但是它们针对地方公共事务提供立法草案、进行政策协调、影响地方立法，大部分情况下这类地方社会组织的设立，大多是政府主导、参与或进行授权的。

　　另一种原因是和政府的规模控制有关的，和日渐繁复的地方事务相对称。

如果按照传统的管理逻辑，地方立法权、地方行政管理权的扩张对应的是地方立法机构和行政机构的组织扩张，但事实上考虑到财政压力和组织扩张的必要性，政府垄断地方公共事务治理这种结构的效益性，多种因素的结果是建立独立于政府组织体系的社会组织，或者在现有政府部门下设专门的组织机构，具有一定独立性，类似中国的"事业单位"。例如二十世纪八十年代后期开始地方政府财政效益改革，伊布斯领导的效率小组进行调研，出台了《改变政府管理："下一步"行动方案》，提倡引入商业化的管理手段改善政府部门下设执行机构的服务效益，计划1995年将英国政府文官体制纳入这种机构改革。撒切尔政府的这种市场化改革思路，实际上得到了布莱尔政府的呼应，在他的地方政府放权改革中，提出建立强而有力的地方社区推进地方社会改革，就着重于培育地方组织化能力，直接参与地方议会等传统地方立法机关。

此外，新加坡和我国香港特别行政区那种开放引入民间资本设立专门领域的组织，在社会公共立法中这些法律实体具有活跃的地位。据不完全统计，到2012年，新加坡设立的这类"政联公司"一共就有33家[1]，我国香港特别行政区这类机构已经超过了200个。

二、立法民主化："地方"角色的活跃

立法程序的民主化可以从两个维度来理解。

一方面，地方立法的发达，是和地方自治共同发展的。从民主结构的纵向维度来看，理论上，越接近基层单位的地方，越接近最原始状态的民主所要求的社会条件。因此立法权推行向地方的授权，意味着地方公共事务权力向社会回归的实质民主化改革，这一点各国在民主结构设计方面已经比较普遍地取得共识。在极端意义上，是不断接近于哈贝马斯所提出的个体之间循环往复的对话与交谈模型。从现实的建制层面，民主意志在一定层级和一定范围内的集合，就表现为立法权下放层级的"地方化"，选择什么层级的地方

---

〔1〕 新加坡的情况比较特殊，是世界上为数不多没有更低层级政府的国家，所以其国家政府的做法可以视为一个比较单一社会共同体的做法，类同于地方政府。

来进行立法，是国家建制和民主理论的一种现实妥协和折中。

立法权纵向下放，如欧洲从二十世纪六七十年代开始的地方自治改革，广泛授权和深度授权属于此类。比较具有代表性的是英国，作为一个传统单一制国家，英国地方自治的历史比较悠久，在权力下放法案中，赋予苏格兰议会、威尔士国民议会和北爱尔兰议会能够进行有关国防、外交的部分立法权力，以及部分属于内政部的教育、国民医疗管理的立法权力都进行了下放。

还需要注意的是另一种"自发"的地方自我组织方式，也体现出一种对现有体制安排的突破，同样是"民主化"的一种体现，即区域化的安排。地方自发地联系起来，也是地方获得较大立法权之后，比较灵活运用适应地方需求的选择。

另一方面，从民主的横向参与维度来看，各类主体的广泛参与，在立法程序中的表现为委托立法、吸引第三方参与立法等，其原理是尽量在立法程序中为多元利益就资源分配提供规范化、秩序化的博弈平台。

不过同样是为了提供更加平等博弈的平台，在建制化层面，还是体现为不同的设计：如英美所设计的两院制衡，上议员和参议院的选举和组织采用精英主义原则，下议院和众议院则采用更加倾向民主化的组织和选举原则。此外，除了广泛吸纳专业人士、利益集团或其他社会公众进入起草、论证等环节，甚至在动议时也承认特定数量或达到地方居民特定比例之后也可以由正式立法组织成员之外的公民动议。就正式的表决等在决策权结构中设置博弈，除了制衡，除了给社会以个体或者非政府组织配置一定的参与性席位，具有咨询地位，在决策性的组织中给地方配置特定的席位，也是一种趋势。

三、立法技术精细化

世界范围内立法技术的发展可以用"专业化"来概括其核心，表现为"研究主体多元化，教育职业化，内容规范化、标准化和流程化等特点"。[1]这一点已经在本书关于立法技术的部分得到了比较详尽的阐释。除了在立法体制层面强调主体的专业性，语言技术与立法体例的科学性、规范性以外，

---

〔1〕　参见徐向华主编：《立法学教程》，上海交通大学出版社 2011 年版，第 292～295 页。

广义的立法技术专业化，值得关注的还应当是引入专业方进行立法评估，包括法学专业人士，以及立法所涉及行业的专业人士的参与评估，在整体上推进和提升了立法技术专业化的发展。

受到立法技术专业化发展的直接推动作用，立法主体分工逐渐精细，除了在国家机关内专门设立立法机构或专门委员会以外，与专门从事立法学理论研究的民间组织、学术机构建立广泛深入的合作是非常常见的模式。反过来，由于民间专业组织在立法领域的卓越成就推动体制内立法也是一种模式，美国的统一州法律全国委员会以及美国律师协会的行动就是范例，前者通过制定专门的"示范性法典"供各州作为地方立法的"样本"，对美国各州之间立法的协调产生了巨大的推动作用；美国律师协会，在一个判例法国家中，依托其自身在司法体制下的强大影响力，以及专业人士对法律规范文本实践层面的丰富经验与专门研究，其法律评估以及相应推动法律成文化的行动都对美国各州立法实践产生了不可估量的影响。除了作为法学领域的专门化，依托立法主体多元化与立法程序的民主化，地方立法在涉及专门领域的专业化是突出的发展趋势。

这种立法技术应用于立法体制的环节，主要适用于起草和评估阶段，表现为吸收专业人士参与立法程序等。有鉴于此，这个趋势的具体表现就不在此赘述。

四、日益受到重视的立法评估

法律的稳定性、适应性和滞后性之间的矛盾如何平衡，很大程度上取决于立法的科学性。立法评估除了为科学性提供相对客观的判断依据——这主要是在立法前评估阶段——还可能在立法实施后根据评估、实证效果或者社会基础条件变化提出修改的必要，这一般发生在法律实施后，属于立法后评估。

除了按照评估实施的阶段，立法评估还可以根据主体不同，分为有权机关的评估，一般要求有法律或政策依据，如美国《改善监管法》、英国《制定好的政策：监管影响评估指南》；也有社会组织或专门机构的评估等。应当承认，立法评估是越来越受到重视的立法环节，广义地理解，从动议、起草、提交讨论表决、实施，其中涉及规范的修改，在不同程度上必然涉及对内容进行评估。

除了各国立法机关，国际组织对成员国的制度建设义务和履行义务实施监管，也各自推行评估机构和评估体制的建设。如经济与合作发展组织（OECD）就基于成员国推进国内制度改革的情况，进行定期评估并形成报告。它与欧洲理事会合作产生的项目组织——支持中东欧治理和管理的改善（Support for Improvement in Governance and Management in Central and Eastern Europe，简称 SIGMA）更早就开展这方面的工作，它在 1994、1997 和 2001 年分别发布了《改善法律和规章的质量：经济、法律和管理的技术》《评估法律和规章草案的影响》《通过影响评估改善政策文件》等文件对立法评估的方法和技术进行系统介绍。2002 年，OECD 专门发布了《为监管影响分析建立组织框架：政策制定者指南》（Building an Institutional Framework for Regulatory Impact Analysis：Guidance for Policy Maker）推进其评估工作规范有序的开展。

和一般的立法相比，立法评估对地方立法的特殊性可以从这几个方面来认识：

第一，和立法主体多元化、民主化等相适应，中央政府在地方立法放权的同时，还需要保证全国法制的统一，这就意味着上级政府进行"评估"，必然带入上位法和国家或区域性统一政策导向作为审查标准。

第二，从评估的数据取样难度来看，地方立法的评估显然更加容易可行。这样的现实便利，意味着在法律改革进程中，地方立法更适宜作为"试验田"。

第三，地方立法评估不可避免需要考虑"地方性标准"。

此外值得注意的是，在判例法国家，地方的立法评估——如果将有权的监管、审查都广义地纳入这个范围来理解的话，还必然涉及司法体系对立法规范的审查和评估。

第五节　美国地方立法

一、发展概述

美国州的立法权，根据联邦制原则，和我国通常所说的"地方立法权"

有所不同，因为各州享有"州主权"，所以地方立法在美国主要是州以下各郡（县）、市或乡镇的立法。一般所说的地方议会立法，在翻译的时候容易掩盖一个组织安排的差异：美国的"地方政府"（Local Government）更对应的是"地方政权"（Local Authority）的概念，组织结构中包含了作为议会的地方立法机关和地方行政管理组织。所以地方法令，一般经过议会审议和表决，最后由地方行政首长签发。

托克维尔将美国地方政府，尤其是乡镇一级的基层政府视为自治精神的渊薮，高度将这种结构理想化。他将"州"以下的郡县、市、乡镇，尤其是乡镇，描述为美国社会民主自治文化传统的起源，他说"人力难于创造它，可以说它是自己生成的"，即地方政府承载了相对独立的基层政治共同体认同感。[1]

到文森特·奥斯特罗姆，则转为采用制度经济学的分析框架，将地方作为集体行动的多中心主体，在他的复合共和制理论与大都市区治理研究中，地方政府代表了在法治共识中竞争的多元主体：纵向结构上，它们的广泛存在对应了地方社会公共治理需求结构中个体利益诉求的多样性；横向结构直接能够起到多中心竞争的效果。这两种具有代表性的对美国地方政府的研究，从地方立法来讲，预设了地方政府的积极作为，其法律依据是美国尤其是新英格兰地区受到英国殖民时期制度影响，而广泛在州宪中规定为地方"自治规则"（Home Rules）的这种法律规范，在当代区域主义者的眼中，这些自治规则是地方政府"坚守"自治抵制跨区域治理的"基石"，并且其事务领域是地方政府不肯妥协开放为区域治理的"领土"。然而根据美国区域治理的实证研究显示，地方政府的这种"自治规则"并没有那么神奇，从范围上看它们基本都是有限的，独立治理在区域化发展的现实条件下，"自治"的立法局限也是显著的。

要理解美国地方政府当前真正具有"独立"立法权的范围，就需要把握"自治规则"，这需要再简单回顾一下主要规范当前地方政府权力，包括立法权的"狄龙规则"（Dillon's Rule）和"库里原则"（Cooley Doctrine）。

---

〔1〕 参见〔法〕托克维尔：《论美国的民主》，董果良译，商务印书馆1991年版，第65～68页。

1868 年爱荷华州最高法院大法官狄龙在克林顿市诉希德高速公路及密苏里河铁路公司案（The City of Clinton v. Cedar Rapids and the Missouri River Railroad Company）的判决中采用了对地方政府权力的狭义解释，这种立场，后来为密歇根最高法院的托马斯·库里法官的判决所更改，后者指出市政单位拥有地方自我组织政府进行治理的固有权利（Inherent Rights），这种立场在一段时间内在印第安纳、爱荷华、肯塔基和德克萨斯州得到了遵循。不过弗吉尼亚州等部分州还是采用了狄龙大法官的这种解释立场，而且 1903 年和 1923 年最高法院的判决还是支持了狄龙规则。

除了地方政府权限到底会倾向于开放解释还是严格限制解释，这是各州对权力内容的实质解读，值得关注的是狄龙大法官在判决中特别指出"市政组织的……权力和它所赋予（他人）的权利……都来自于立法机关"。[1]

回到实质内容，如果按照狄龙大法官的这种立场理解——事实上也为联邦最高法院所支持——结合哈佛大学对波士顿大都市区治理所做的实证研究来看，"区域主义者原来所要追究的，是地方政府享有了太多权力……但事实上……人们住在一个缺乏权力的地方……在我们对波士顿大都市区做的调研显示，……防御性地方主义……更多是因为缺少权力所引发的"。[2]

实际上需要看到，起码就现在的地方政府权力设计来看，和托克维尔当时所推崇的活跃的、民主的基层自治形态其实相去甚远。文森特·奥斯特罗姆所关注的地方政府，虽然他的代表作是《美国地方政府》，但是结合他的另一部著作《大城市地区的政府组织》的整个分析框架，可以看到他始终坚持的是对"复合"的民主制组织层次，也就是纵向结构不同类型次国家政治实体所形成的组织化多中心结构，这种从公共选择和制度效益上更符合共和主义价值的制度设计。就地方政府本身的定位，从他的妻子，诺贝尔经济学奖获得者，同样为公共选择理论代表性人物的埃莉诺·奥斯特罗姆的观点可以更直观地看出，她曾经指出在地方政府的管辖权结构，相对社会经济发展中

---

〔1〕 The City of Clinton v. Cedar Rapids and the Missouri River Railroad Company, (24 Iowa 455; 1868). Supreme Court of Iowa.

〔2〕 David J. Barron, Gerald E. Frug, "Defensive Localism: A View of the Field From the Field", *Journal of Law & Politics*, 21 (2005), 270~271.

自发形成的大都市区以及其他跨行政区域的治理和发展需求而言，地方政府传统的政治界域分割了区域，导致在公共事务治理在空间上或事务体系上的碎片化。[1]

在这种基础上，理解一个受到"严格限制"的美国地方政府的权力状态，其实它们的独立立法权，从范围来讲，基本是有限的。有些州，地方的自治规则在州宪法规范中规定下来，有一些也可能因为州的法规授权，但是就州与地方之间共享或交叉的权限，以及没有明示为地方的权力，一般很难通过解释推导来支持地方获得授权这个立场。在美国的司法审查机制下，各州法院对地方政府立法是否能够在必要时候超越管辖权范围——主要针对效果可能发生外部效应的情况，法院所谓"通过合理性检验"的标准，实际上是很严格的：首先所考察的立法的权力来源，即地方立法是否具有专门的法律依据，如果是宪法或者法规授权，是可行的；然后才是内容是否造成了超越边界的后果，而这种可能产生超越边界影响的立法是否应当交给州立法来解决。[2]

不过需要说明，地方的自治规则，仍然在权限范围内具有很强的"抵御性"，主要是指能够对抗来自州或其他更高层级政权的不当干预。为了达到这种"自我防御"的效果，二十世纪三十年代开始，地方市政单位开始联合。1924 年 10 个州的市政单位组成了"城市联盟"，到五十年代发展其组织资格为开放性的，目标是人口超过 10 万的城市，1964 年组织重点放在城市联合，改名为全国性的城市联盟"全国城市联盟"（National League of Cities），后来资格进一步开放，今天超过 1600 个各种规模的城市、乡镇，以及其他 18 000 个社区参与这个组织。以这种组织为代表，地方政府尝试推行地方自治的立法模板，并尝试以多元化的组织成员构成，整合地方社会的立法和治理需求，成为重要的国家立法影响者。

在这个过程中，地方立法受到最重要的两个影响是：

---

〔1〕 See Mark Schneider, "Fragmentation and the Growth of Local Government", *Public Choice*, 3 (1986), 255 ~ 256. Elinor Ostrom, "Organization Economics: Applications to Metropolitan Governance", *Journal of Institutional Economics*, 6 (2010).

〔2〕 See David J. McCarthy Jr., Laurie Reynolds: *Local Government Law* (*fifth edition*), West Academic Publishing, 2007, pp. 2 ~ 6、22 ~ 24.

第一，美国地方政府立法，从自治规则的角度看，出现了趋同。

不过这种趋同也不仅仅是因为有联盟组织，推动联盟组织的重要动力是经济全球化的发展，几乎和城市联盟同一时期发展的是美国大都市区的繁荣发展。这种发展不但是超越地方政府行政管辖权的，通常还可能超越州际，所以在发挥更高层次立法影响的过程中，主力放在影响联邦立法层面。[1]

第二，受到区域化发展的影响，地方政府立法，除了在传统的地方治理领域，如本地居民的医疗、治安、土地利用规划或者公共道路停车等，越来越多地方立法关注到区域化和超出行政界域的影响，即使传统认为属于行政界域范围内的事务，例如土地利用规划，也更关注区域化的安排和合作。

二、取样分析

到目前为止，对美国地方政府地方立法权的范围、内容和行使方式、发展概况的讨论，都还是比较抽象的。然而从各州的角度来看，不同州的宪法是独立的，对不同地方的授权在具体结构和具体范围上也各有不同。基于这样一些考虑，这里选择其中一个样本——马里兰州巴尔的摩市介绍其地方立法。考虑样本选择的原因主要是这样几个方面：

首先，从美国的历史来看，马里兰州是具有特殊性的，它是美国第一个宣布实行普选的州。

其次，在政制结构地位上，巴尔的摩是马里兰州最为特殊的城市。一般美国各州以下分为郡（County），再下才是"市"（City）或者市政单位（Municipality），巴尔的摩在马里兰既指称巴尔的摩郡（Baltimore County），也指另一个唯一与"郡"平级的独立城市，巴尔的摩市（Baltimore City）（如果没有特别说明，下文提到巴尔的摩，均指巴尔的摩市）。如果结合美国各州享有"主权"这个状态，巴尔的摩相当于一个"州直辖市"。

再次，巴尔的摩市作为本州最大的经济中心城市。它在地方立法方面的

---

〔1〕　2017 年城市发展联盟的报告中就提出：联邦政府认识到政策的最终实现要求有好的地方投入和（地方）领导力（执行）。他们的工作重心仍然是强化地方领导人和白宫之间的联系。Michael Wallace，Federal Advocacy in 2017：In a Year of Transition，Cities Seek Certainty and Opportunity，载 http://www.nlc.org/article/federal-advocacy-update-week-ending-january-27-2017，最后访问日期：2017 年 4 月 21 日。

建制，是比较成熟的，也是相对比较"单纯地"针对本地公共事务治理，而排除其他政治身份干预的，如相比华盛顿和纽约，就需要考虑作为首都和跨州都市区中心的特殊身份。

另外，不同地方的立法也还是各有区别，例如纽约和巴尔的摩，属于"较强行政首长"的市，而相比如加州则推行"委员会"领导模式。和中国的地方立法组织结构相比，由地方议会和行政首长负责制领导的地方政府更具有可比性。

最后，在马里兰州除了具有正式政治地位的行政单位开展地方立法活动，基于区域主义发展趋势，巴尔的摩市、蒙哥马利郡以及其他多个马里兰州的主要郡县联合组成了巴尔的摩大都市区议会，积极开展区域协作治理的立法工作，该机构为马里兰州政府所认可，并在管理机构理事会中，常设有州议会代表与州长任命的成员，组织的协议效力和治理协作安排具有一定的法律效力，必然影响到组织成员地方所单独进行的地方立法活动，提供了区域主义地方治理对地方立法发生影响的典型范例。

三、马里兰州宪法的授权规定

巴尔的摩是马里兰州最大的城市。它特殊的地方立法权的来源是马里兰州宪法以及州政府的授权。所以讨论巴尔的摩地方立法首先要看州宪法和州政府对地方立法的制度安排。

在《马里兰宪法》（Maryland Constitution）中，有关地方立法（Local Legislation）的规定，主要是第11条和第13条，第6条规定了地方立法和巴尔的摩市的有关权力，第13条则主要是规定自治县规则。

在第11条"A"款中，该州宪法主要规定了这几个方面的内容：地方立法机构的组织原则、会议召集等基本程序，授权巴尔的摩市在内的市、县在制定本地"章程"（Charter）作为地方"基本法"，并规定了其修改程序；对地方立法概括授权，规定紧急状态立法效力等。

值得注意的是管辖权的界分：一方面是纵向的，马里兰州的立法机构，称为马里兰州总议会（Maryland General Assembly），提出根据明确授权给了地方的事项上，不再由州议会实施法令；另一方面是横向的，第4部分提到

"任何法律旨在适用于本州内两个或以上地理上的次级单位，不能被认定为本法案所指的'地方法'（Local Law）"。这种立场，实际上是和美国联邦最高法院有关米利肯诉布拉德利案（Milliken v. Bradley）的判决立场一致的。[1]总体来说，对地方立法的限制是比较严格的，反对逾越政治划定的地理边界，即使该地方具有重要的政治经济地位或广泛的区域影响。

在第11条"B"款中，名为"巴尔的摩城市——土地开发和再开发"之下，州对巴尔的摩授权对地方土地行使各种权力的主体是"马里兰总议会"，其措辞方式是"可以授权"。提出这一条，在结合本款第二部分的规定来理解就比较清楚：

"马里兰总议会可以授权给巴尔的摩市长和市议会……对于执行……本条规定的特定权力……以及完全实现本条目的……所必需的任何和所有额外的权力和权威，只要这种额外的权力或权威不会与本条款的规定和内容或者和马里兰宪法其他规定发生不一致。总议会认为合适和应急需要的情况下……可以基于本条规定给巴尔的摩市长和城市议会的授权……是假类似其他的和

---

〔1〕　米利肯诉布拉德利案（Milliken v. Bradley），是美国最高法院就底特律大都市区内53个学区公立学校规划校车是否统一安排不采用种族隔离方式的判决。当时底特律大都市区内公立学校的理由是为了统一执行布朗诉教育局［Brown v. Board of Education, 347 U. S. 483（1954）］所反对的"隔离"。本案判决区分了"法律上"（de jure）的隔离和"事实上"（de facto）的隔离，认定如果每个学区没有将隔离作为明示的政策，（事实上的）隔离是可以的，没有支持底特律教育局的主张。更重要的是，这个政策是由底特律教育局制定的，所适用的85个学区中有53个属于底特律城周边城市和乡镇的学区，使得该案的焦点成为大都市区中心城市的管辖权问题：是否底特律这个中心城市的教育部门能够以大都市区为范围发布行政命令，即使这项行政命令涉及宪法的实施？在地区法院和上诉法院的判决中，底特律的命令是被部分支持的，因为他们认为如果不纳入周边的学区管理，底特律教育局的这种整改是难以实现的；而地区法院根据自己所享有的联邦授权，要求州提供一个支持这种覆盖适用范围的相关计划。不过，周边城镇的法律地位被要求考虑进来。但是最高法院的认定是"地区法院和上诉法院的这种认定是基于错误标准（erroneous standards）作出的，也没有纪录可以证明周边学区的做法，影响到了底特律学校中存在的歧视问题。联邦法院不应当为了单一地区（single-district）学校实施了法律隔离这种违宪行为，以跨区域的（multidistrict）、区域性范围（area-wide）设定补救，因为没有证据证明其他被囊括进来的学区无法独立运行一个统一的学校系统，或实施了对其他学区产生隔离效果的措施，而且基于现有证据，将临近学区囊括进来也没有什么实质的意义……"。联邦最高法院作出的认定，清楚地否定了中心城市对公共事务的管理决策辐射到行政管辖权以外的范围，宣布一个行政管辖权，不能基于区域主义视阈打破地方政府的权力边界来作出公共事务的管理决策。参见Milliken v. Bradley 418 U. S. 717（1974），https://supreme.justia.com/cases/federal/us/418/717/，最后访问日期：2017年2月28日。

进一步地控制或者行使这些权力时的限制。"

综观第 11 条对巴尔的摩市的各项具体授权，包括土地开发、街边停车、港口开发、市政组织、居民安置、商业财政贷款、居民财政贷款、工业财政贷款等，非常具体，而涉及地方公共工作、基础设施建设等目前进入区域化治理阶段的事务，则没有将之列入州宪法向下明令授权地方的范围，结合上面引用的州总议会对地方既有授权的调控权力，可以看到：如果没有特殊的授权，一般来看，巴尔的摩所代表的地方城市，主要围绕着地理边界内的土地空间资源和经济活动行使管辖权，以及相关的地方立法权。地方的社会公共服务，就马里兰州的安排来看，地方政府的角色并没有直接获得地方立法的管理权，毋宁说可能基于下级政府负有执行责任。这实际上和我国《立法法》修改之后，推进地方立法更多调整行政界域内的"物"，而依托更高政权层级调整"人之权利"、实现社会权利均等化的立场，更加一致。

四、州对地方立法的指导性文件

马里兰州总议会针对地方立法，联合州政府立法服务部（Department of Legislative Services，Maryland）定期专门发布《立法起草指南》（Legislative Drafting Manual），这一文件主要是指导性的，一般和《马里兰式规章法律指南》（Maryland Style for Statutory）联合适用，对州立法和地方立法实际上具有指导意义。

2017 年发布的《立法起草指南》仍采用了 2011 年的版本，其内容来看，有关地方政府和地方立法的相关规定主要有这些内容：[1]

第一，根据《马里兰州宪法》第 6 条，地方的自治立法权是由州明确授权的；反过来，如果已经授权，州立法机构不再就此领域内，仅仅影响该地方行政界域内的公共事项，行使立法权。

第二，马里兰总议会的权力，被称为"并行的权力"（Concurrent Power），也可能对单个市政单位的特殊事项进行立法：根据《马里兰州宪法》第 6 条，

---

〔1〕 参见"立法起草指南"，载 http://dls.state.md.us/data/legandana/legandana_bildra/legandana_bildra_bildraman/Drafting-Manual.pdf，最后访问日期：2018 年 10 月 16 日。

市政财产最高税率，或市政负债最高限额，马里兰总议会可以进行立法，修改市章程。

第三，原则上针对全州范围适用的立法，马里兰总议会的立法优位；然而，由马里兰总议会通过的公共地方法律，优于它所制定的适用于全州的法律。

五、巴尔的摩地方立法程序

根据 2016 年修订后公布的《巴尔的摩城市章程》（Charter of Baltimore City）和《巴尔的摩城市法典》（Baltimore City Code），在章程中主要规定的是议会的组织原则和议员的选举原则。

从立法程序来看，主要规定在《巴尔的摩城市法典》（Baltimore City Code）中。此外，和选举任期相对应，各届城市议会还会针对自己的工作计划作出规划，自我制定规则，目前的巴尔的摩议会是 2016 年改选完成的，发布了《城市议会规则》（City Council Rules of Baltimore, 2016 ~ 2020 Council Session）。

总体来讲，地方立法程序是不具有太大特殊性的：动议—起草—议会表决—市长签批。在这个过程中，起草的草案可能会递交专家咨询，举行公开听证，这都不是特殊的程序环节。不过由于地方议会并不是独立于整个政府体系之外的，所以立法程序还有政府组织的参与：巴尔的摩市政府的立法事务部（Department of Legislative Reference）会参与立法程序，辅助整个流程，根据《巴尔的摩城市章程》（Charter of Baltimore City）规定，该部门负责起草，保留有关地方政府法律实施所需的公共档案的职能。章程还规定了政府另外设有法律部（Law Department），首长为城市总检察长，负责公诉和城市的法律咨询、法律事务监督等，总检察长是监管委员会（Board of Estimates）成员，参与城市财政政策监管，换言之，涉及城市地方财政的法案，是要经过他们审核的。

就环节而言，首先动议，一般是议员或者法定数量的公民，后者必须要求经过巴尔的摩市选民登记。动议之后，值得展开的是草案大致形成之后的"三读"程序，涉及体制内的审议：在草案形成之后，提出立法动议的市议员会向议会提交立法草案，该立法草案首先要分配给一个专门的委员会，进行审议一读。如果没有合适的委员会或附属委员会审议，主席或者委员会会将草案分配给相关城市机构。每个机构提交一个书面的法案报告。通常，大会委员会会在收到所有机构报告之后，举行公共听证。听证之后就开始二读和三读，在这两个环节还可能会因为对草案的实质内容涉及全部或部分修改，将草案返回提交相关委员会进一步研究。

此外，还需要注意，"巴尔的摩"还代表了巴尔的摩大都市区。在州政府支持下，这个都市区建立起了联合治理组织——"巴尔的摩大都市议会"（Baltimore Metropolitan Council），这是一个联合性的政策协调组织，并不具有正式立法权。其职能范围主要包括：大都市区内交通运输规划，区域地理和社会经济数据整合与预报，多重规划协调，环境规划，联合采购，针对住房安置、地方建设和居民生活安排的社区规划等。根据《马里兰州宪法》，这些领域大部分覆盖了巴尔的摩市政一级的社会管理任务。可以说，目前除了治安、土地使用和开发，以及明确限于城市行政管理界限以内的事项，如城市中的停车、城市居民贷款等，其他基本都需要与区域规划发生联系。

提到这个组织的重要原因，主要是由于区域性安排的约束，巴尔的摩市在进行地方立法的过程中，除了如前面提到的，要遵守《马里兰州宪法》和州政府立法，还需要注意基于区域协调安排所负有的义务。因为从构成来讲，巴尔的摩市长是其管理组织——巴尔的摩大都市议会理事会的当然成员，此外马里兰总议会仿效国会结构，分为上下两院，各有一个议员代表马里兰总议会参与理事会，州长也会指派一名代表成员参与理事会，从组织构成上来讲，虽然该都市区议会本身没有宪法上的主体地位，然而其理事会决议在现实政治过程中，还是具有相当影响力的。这也代表了地方立法所必需关注的一个新趋势：区域化给地方带来的新约束或新平台。

第六节　英国地方立法

一、概述

英国所指的地方立法，强调主体作为地方政权的相对独立性，虽然同样是单一制国家为了分解覆盖次国家单位的一定地理范围和社会群体，依据宪法所设立的，中央作为唯一主权性单位，立法权在议会主权原则下，理论上始终由中央议会，即威斯敏斯特议会保留统一的立法权力。但是在政治文化的定位上和同属于单一制地方政权的中国地方政权之间，还是有较大差异：毛泽东在《论十大关系》就提出我们发展地方积极性"应当在巩固中央统一领导的前提下……"。[1]也就是说，我国针对幅员辽阔、多元性强的地方社会设立地方政权，根本还是为了以多元促进统一，鼓励地方发展、促进共同发展；但是英国的地方政权，它们虽然也具有执行上位法的义务，但是作为"地方"这个层面，重点放在地方多元性所决定的地方社会共同体的相对独立性。在英国经典的地方政府理论中明确指出：如果地方的政府或立法机关，只是对应上级政权——最终是中央政权的下属，那么就不能被认为是"地方政府"（地方政权）。谈到"地方政府"，英国的理论提到，精义在于"多样性"（Variety）。[2]事实上，在英国这些欧洲单一制国家，这种相对独立的地方自治传统是比较发达的，与它们建立起近现代民族国家之前曾经长久处于封建领主割据、根据契约效忠关系组建起统一国家这种历史传统有关。回到现代，到了二十世纪六七十年代，在民主改革的浪潮中，欧洲国家再次兴起了地方自治改革，其中最主要的标志是宪制结构上确认地方政权的正式的、相对独立的主体地位，在权力下放的制度进路上，以地方立法权自主性扩大为主要内容，甚至出现了所谓在联邦制、单一制之外的第三类"地方分权制国家"的说法。[3]其中，英国就是非常具有代表性的。

---

〔1〕《毛泽东文集》（第7卷），人民出版社1999年版，第31~33页。

〔2〕 See Eugene Lewis Hasluck, *Local Government in England*, The University Press, 1936, pp. 2~5.

〔3〕 严格来说"地方分权制"这种理论分类还是不够成熟的，它没有独立的界定标准，只能通过和其他两类分权结构进行比对才能得到相对确认，所谓"比联邦制国家更促进统一，比单一制国家更少导致权力集中"，而尚不能提供独立区分标准；连致力于研究这种体制的学者也承认，"如果要探究地方分权制国家的定义时，此断语就不那么令人满意了。"参见［瑞士］J. 布莱泽：《地方分权——比较的视角》，肖艳辉、袁朝晖译，中国方正出版社2009年版，第2~12页。总的来看，这些国家主要还是单一制国家，只是强化了地方自治；毕竟，单一制从来不排斥分权和自治。在传统的理论框架中，对单一制国家就已经有了中央集权单一制、地方自治单一制、中央地方均权单一制以及民主集中单一制等进一步的细化分类，其中英国就属于地方自治单一制。参见童之伟：《国家结构形式论》，武汉大学出版社1997年版，第220~222页。

早期英国地方政府的分散性和多元性是很强的，关键变化发生在 1974 年前后的地方政府改革。之后地方改革，包括布莱尔工党政府专门发布以"现代化"为关键词的白皮书，到现在的保守党政府，一直未曾终止。但他们所依赖的改革基础，都是二十世纪七十年代地方政府改革基本定型的体制。

根据英国政府 1971 年发布的白皮书《地方政府改革法案》，全国分为英格兰、威尔士、苏格兰和北爱尔兰四大地区，英格兰分为六个都市郡，三十九个非都市郡，伦敦专门设置了一个大伦敦区；威尔士和英格兰的结构相似，设有郡下设区，之下再设城市、教区、乡等单位，如伦敦市和其他三十二个自治市共同属于大伦敦区；苏格兰下在设大区和区；北爱尔兰比较简单，只设区。

由于苏格兰和北爱尔兰高度自治的特殊性，其地方立法和英格兰以及威尔士地区有所不同。

二、英格兰与威尔士

英格兰和威尔士有地方自治传统，地方政府在组织形式上规定从教区到区，各级别都有民选产生的议员所组成的地方议会，各级地方议会对选民负责，彼此之间没有级别隶属关系。地方议会的立法权主要来源于中央议会的授权，包括中央议会对地方政府职权的规定，和专门的授权法案。

从 1974 年到 2014 年《地方政府法案》（Local Government Reform Act），以及 2014 年《2012 年地方政府内部规则（威尔士）的修正案》[The Local Government Byelaws（Wales）Act 2012（Amendment）Order 2014，以下简称"Amendment"]〔1〕中可以看出：

首先，地方立法的权限范围主要包括治安、公共环境治理和保护、基础设施建设与维护、居民教育与福利等，和美国现在属于严格意义上地方政府独立行使的"自治规则"范围比较接近。但有所不同的是，英国地方政府在职能管理上，其他如执行中央法令，安排地方居民享受国家统一医疗保障服

---

〔1〕 英国法案有关材料来源英国政府国家档案馆有关政府立法的电子数据库：www. legislation. gov. uk，在此处统一说明。

务等，这些在其理论上被认为是和"地方自治"不同的，只是上级政府的执行职能，如果涉及立法，一般根据中央特别授权。

其次，中央法案的规定方式，非常详尽，区分各郡以及各重要城市对议会职权分事类专门规定。例如"Amendment"第二部分提出的修改，就可以看到修改分别针对斯旺西城市议会水流管理和中格拉摩根议会有关港口管理的地方管理规则。这种规定方式，展现出比较细化和深入的中央控制。

但是深入控制并不代表着英国中央政府在英格兰和威尔士地区的地方政府实行高强度的中央集权。需要区分的是在地方立法权中的事务区分，从布莱尔工党政府所推进的地方政府现代化开始，所针对的主要是公共服务领域，这背后实际上是整个大市场经济宏观调控对政府职能转变的需求，[1]与之相适应的是地方立法出现了和世界上其他成熟市场经济国家同样的更强的区域化趋势，在针对地方交通、能源、环境保护等领域，地方立法越来越强调接受中央的统一协调，这就可以理解为什么在"Amendment"里面出现了对公共事务的详尽规定，传统交由地方立法独立处理的事务，中央要统一介入微观的调节，因为地方立法的权力无法应对实际上跨越行政区域的事务，或者地方针对本地公共事务的立法会实际发生跨区域影响。

在这些公共事务领域，中央的介入并没有正式地宣告地方立法权的克减，从现实的操作性出发，中央针对地方日常公共事务干预立法也是难以想象的。与中央需要推进地方政府在公共事务领域相互协作，由相对封闭的共同体成为更加现代化的经济体这种发展定位相适应，当时中央政府的做法是发展地方政府综合表现评估机制（Comprehensive Performance Assessment, CPA），其中对地方立法的评估是非常重要的一块。2001 年 12 月，英国政府宣布建立这个"最具有野心的计划……对英国一套公共部门和组织进行行为评估"[2]。2002 年审议委员会首次发布了对英格兰 150 个郡一级地方议会评估报告，2004 年评估对象深入到 238 个区议会。评估结果不止反映出当前地方政府通

---

〔1〕　John Wilson, "Local Government Modernization and Compreshensive Performance Assessment", *Journal of Finance and Management in Public Service*, 2 (2005).

〔2〕　John Wilson, "Local Government Modernization and Comprehensive Performance Assessment", *Journal of Finance and Management in Public Service*, 2 (2005).

过财政和地方管理体制在公共事务中的行为效果，还采用了纵向比较，对不同地方议会的改进效果进行了评估。通过这种方式，中央政府尝试将统一政策的发展目标转化为评价指标，地方立法在这个过程中，一方面受到更强的中央统一立法的影响，另一方面，按照"公开"的原则，被认为地方政府的立法过程和立法效果受到了更大范围的公共评估——这一点则是为了配合实现工党承诺提升地方政治民主性的政策。[1]

　　和公共事务相对应，英国地方立法有一类具有"保守性"的事务，具有政治文化属性，源于这些地方在历史上长期存在相对独立的政治文化状态，即曾经长期处于独立封建领地的治理状态下，对国家，主要是中央政府的介入，保持着警惕；在进入现代国家的过程中，英国在政治意识形态上所追求的"小政府"理念，也对此影响深远。

　　英国地方议会在立法权限上的这种"政治文化事务"领域的独立性和公共事务领域形成对比。例如，在2017年威尔士发布的最近一次地方政府改革白皮书：《改革地方政府：适应与更新》（Reforming Local Government：Resilient and Renewed），这份白皮书在4月11日才结束公开收集意见程序，其中公共事务发展和地方治理一个重要关键词是"区域的"（Regional），专门用两章规定了"区域的工作"和"自愿合并"，无不继续着区域化发展，或者更大范围来讲，顺应全国大市场以及经济全球化对地方公共事务治理打破"地方"界域的趋势。但与之形成对比仍强调"地方传统政治文化生态"，其中值得关注的是有关威尔士地方政治组织的选举组织规则，指出"威尔士政府提出进行立法，将允许威尔士议会来决定最能反映地方人民和社区需求的选举体制"（7.1.12）。并且在地方议会部分，特别强调"在完成向社区议会开放开诚布公的讨论之前……我们没有意愿……对地方民主和委任边界……进行结构性的改革"（6.1.4）。[2]

---

〔1〕 Josie Brooks，"Labour's Modernization of Local Government"，*Public Administration*，3（2000），594.

〔2〕 Welsh Government，White Paper：Reforming Local Government：Resilient and Renewed. 2017，Jan. 31st.：45、49. https：//consultations. gov. wales/sites/default/files/consultation _ doc _ files/170130 - white - paper - en. pdf. 最后访问日期：2017年4月24日。

英格兰地方立法和整个地方分权的体制特色，可以认为在公共事务领域越来越强化中央的、区域化的统一调控，但是在政治领域，中央的集权控制和地方的保守性之间达成一种有限分权和自治传统的均衡。

然而苏格兰和北爱尔兰地区就明显不同。历史、民族、宗教等多种因素造成这两个地区在英国无论从政治文化体制，还是社会经济发展角度，都需要特殊对待。威尔士的独立性略弱，不过随着九十年代工党政府所推进的地方改革，威尔士和苏格兰一样，也成立了本地选举的地方议会，地方政府逐渐表现出自治权的"自我保护"意识。不过总体来说，威尔士的地方权力是最有限的，立法权基本还是保留在中央议会。威尔士地方议会的主要权力和英格兰地方议会并没有本质的区别，主要是公共事务，如教育、地方政府选举、公共服务、环境保护和地方语言与文化等。

三、苏格兰议会立法

1998 年《苏格兰法案》公布之后，1999 年现在的苏格兰议会正式转型为地方独立的立法机关，但英国议会仍然保留了"议会主权"控制，无论是否有地方议会的同意，中央议会仍有权就"联合王国"（United Kingdom）主权范围内的事务，行使最高立法权。针对这项权力保留，当时苏格兰、北爱尔兰以及威尔士发起一项"立法同意动议"（Legislative Consent Motion），要求威斯敏斯特议会能够尽量在这项权力上进行克制，并应当获得地方议会的同意。2013 年 10 月，苏格兰、威尔士和北爱尔兰政府和英国政府之间最终达成的是一项协议，名为《谅解备忘录和补充协议》（Memorandum of Understanding and Supplementary Agreements），建立了联合部长委员会，不过并不是正式法律文件，约束力不强，第 2 条就提出"该备忘录是一项政治意图的声明，不应当被理解为一项有约束力的协议"。该委员会由首相授权副首相负责，在政治上能够得到基本尊重。此外，在 2016 年英国公投离开"欧盟"之后，该备忘录中，有关"欧盟事务的合作协定"部分，将会发生比较大的变化。

1998 年《苏格兰法案》经过了 2012、2016 年的改变——最后一次不可否认存在 2014 年苏格兰公投的影响，虽然公投结果是苏格兰继续留在英国，但这次行动仍暴露出长久以来这个地区的强烈独立政治认同——在最近修改后的法案中，权力下放范围进一步扩大，不过根据议会主权原则，威斯敏斯特的中央议会宪法位阶上的最高立法权地位仍没有动摇。[1]

目前大部分事务，包括农林渔业、经济发展、环境保护、视频、健康、堕胎、内政、监狱、苏格兰法、法庭、法律职业、交通公共建设、旅游、研究、社会工作和福利（医疗健康福利）、文化与教育、个人所得税、土地建设税、苏格兰地方政府等事项立法权基本下放到苏格兰议会，其前身最早可以追溯到苏格兰和英格兰合并时的议会，中央所保留的权力主要是广播、共同市场商品与服务、宪法、能源、战争、外交、边防，以及与整个联合王国财政、经济、货币系统有关领域的事务管理。并且苏格兰议会选举的政党体系独立，目前苏格兰组阁的议会多数党不是参与中央议会竞选的几大政党，而是苏格兰地区的独立政党——苏格兰民族党，这种地区独立的政党架构可以认为是英国地方立法的一大特色。

就苏格兰议会的立法程序而言，根据所提交审议的法律草案性质不同，而各有不同。法律草案根据所涉及事务性质，分为公共法案（Public Bill）、私人法案（Private Bill）和混合法案（Hybrid Bill）。根据苏格兰议会分别就这三类法案公开的立法程序指南（Guidance），他们的区别在于提案内容所指向的客体。无论哪一种法案，首先都强调本身只是法律草案，经过审议表决之后，内容转化为适用于苏格兰地区的法律的正式内容之一部。

《私人法案指南》（Guidance on Private Bill）第一部分进行定义时指出，"一项私人法案，是'旨在为个人，法人或人的非法人联合获得超出或冲突于一般法律的特定权力或利益'……所以有时候私人法案，有时候也成为'个人法案'……它与公共法案程序存在实质差别"。由于公共法案所涉及事项的公共利益属性，两者虽然都是本质上由议会保留行使立法权（Parliament remains to legislate），然其程序，公共法案时"完全议会性的"（Entirely Parliamentary），只能由民选的议员根据被选举为公共代表的身份能够参加并投票，但是私人法案则"既是议会性的也是准司法性的"（Both Parliamentary and Quasi-judicial），因为要考虑到私人利益之间的竞争性，保留私人利益关涉者

---

〔1〕 Scotland Office：Devolution：UK Parliament. 2006，Oct. 4th.

的反对权。

此外，威斯敏斯特中央议会作出的有关私人事务的立法，适用于苏格兰地区的部分，在苏格兰议会 1999 年成立之后，仍然有效。提交私人法案有着严格的限制，一般要满足五项标准：

（1）（苏格兰）议会只能就有关苏格兰的事务立法；

（2）根据 1998 年法案属于中央议会"保留事项"，苏格兰议会无权立法；

（3）不能对 1998 年苏格兰法案（包括 1998 年人权法案和 1072 年欧洲共同体和联盟法案）的实施构成修改；

（4）必须符合欧洲人权公约和欧盟（欧共体）法律；

（5）不能解除苏格兰总检察长作为刑事诉讼和犯罪侦查系统首长的地位。

不过一个私人法案到底是否属于立法权限，苏格兰议会可能会在审议讨论过程中认定，最终决定权在"法院"。

公共法案更严格地遵循地方民选代议机关立法的程序，根据《公共法案指南》（Guidance on Public Bill）只能由议会成员、政府、委员会或其他具有法定资格的机构提案，要经过议会多个审查阶段。在与中央议会的立法的关系，以及地方立法权限制两个问题上，基本和私人法案所要遵循的标准一致。

审查公共法案至少要经过三个阶段：

（1）所有（议会）成员能够就法案的总原则进行辩论和投票；

（2）考察法案内容的细节；

（3）法案最终的通过或否决阶段。

就法案不同的类型，主要是根据所涉事项的不同，议会可以选择不同的方式来实践程序中各阶段，例如涉及商业管理的法律，必须要提交委员会审议。如果法案通过后再度受到挑战或质疑，必须启动另一个"重新考察阶段"（Reconsideration Stage）。

《混合法案指南》（Guidance on Hybrid Bill）指"一个由苏格兰政府成员提交的公共法案，可能对特定个体或机构的私人利益发生不同于与之同类的其他个体或机构的不利影响"。其提交主体和所指向的客体和公共法案是一致的，基于公共政策或公共利益提出，但是却在实际效果上存在私人法案的特征。

原则上混合法案是作为公共法案被提交的，但是程序上，首先要加入可能提出反对意见的相关私人利益主体参加，并且应当根据指南规定程序和成员资格等要求，成立专门的"混合法案委员会"（Hybrid Bill Committees），接受委员会审查。这类法案并不是"纯粹"公共事务，指南还规定，几类特定事务，虽然不指向特定人，但可能影响一定人群或者苏格兰作为一个"民族"的利益，苏格兰政府只有事先按照规定程序与"强制咨询"机构磋商后，才能考虑作为法案提交，主要包括：苏格兰自然遗产保护机构；苏格兰自然保护机构；苏格兰历史环境局；地方规划局或者管理局（可能包括国家公园管理局）。这些机构，除了接受政府的法案提交前咨询，也有权在法案提交前作出声明，或者在政府完成咨询后法案提交给议会后 60 天内，这些机构还可以就咨询是否充分完成之类问题作出声明，但这种声明本身不被认为是反对意见。

在 2016 年《苏格兰法案》中，苏格兰地方议会和政府的立法权进一步扩大，中央进一步放宽对苏格兰地方选举体制规定的控制。该法案正式认可苏格兰议会和政府作为联合王国的"永久性宪法安排"，并把过去的地方立法权表述中加入了"受保护的主题事项"（Protected Subject-matter），进一步明确苏格兰地方立法权，作为一个地区相对独立的体系的法律地位。另一个值得关注的变化，是条款"32A"（1）的规定：

"总检察长，有权就一项法案或法案中的任何规定是否与受保护的主题事项有关联，提交最高法院决定。"

从整个权力下放的力度来看，苏格兰地方立法的独立性在强化，权力范围在扩大；然而从英国司法改革对地方立法权的角度来看，英国中央政府和苏格兰地方在立法和整个法律上的联系并不一定是弱化了。随着公共事务和市场治理的开放化，恐怕这种地方立法在政治领域的独立性，仍会受到经济全球化在整个区域市场内，推进立法协调和统一的趋势影响。

四、北爱尔兰议会立法

北爱尔兰的情况更加特殊。在 1998 年和平协议的基础上，英国推行的权力下放改革，其中就包括了允许北爱尔兰通过地方选举成立地方议会行使地方立法权，这项改革1999年以英国女王名义正式发布。

北爱尔兰的地方立法机构是北爱尔兰议会，最大的特色是实行一院制。不过自这个议会成立以来，曾经几度因为政治分歧被中断正常运作，其中，最长一次是2002年10月14日到2007年5月7日，在议会中止运行期间，它的部分权力由北爱尔兰办公室行使，另一部分权力，主要是立法权仍然由英国的中央议会根据"议会主权"统一行使。直到2006年11月，《圣安德鲁斯协议》（St. Andrews Agreement）达成之后，各派政治力量才最终达成了妥协，并最终在2007年3月选举产生了议会，并在当年5月重新开始行使权力。

根据1998年《北爱尔兰法案》，有关地方立法权的权限范围一节，没有采用正面列举的方式一次性规定什么事项授予北爱尔兰议会，而是区分了让渡事项、除外事项和保留事项。

"让渡事项"（Transferred Matters）对应了权力下放范围，和苏格兰、威尔士不同，这部分权力并没有以正面规定的方式进行陈述，1998年《北爱尔兰法案》中，让渡给北爱尔兰地方议会的立法权，是通过威斯敏斯特中央议会保留事项，以"除外"以后余留的权力这种形式得到确定。此外，中央议会保留立法权的事项又进一步划分为永久由中央保留的"除外事项"（Excepted Matters），以及可能会在未来让渡给北爱尔兰议会的"保留事项"（Reserved Matters）。在《北爱尔兰法案》的第6（2）项中，立法权限被表述为"一项规范如果存在以下任何一种情况属于超出了权限"，应当属于无效，包括：

（a）将构成非属北爱尔兰的领土或一国的法律之一部，或者对不在或无关北爱尔兰的法律的可操作功能进行授权或移除；

（b）处理了一项除外事项，并且不从属于任何处理保留或让渡事项的其他规定（无论是在本法案中或之前已经实施）；

（c）不符合任何公约权利要求；

（d）不符合（欧洲）共同体法律要求；

（e）基于宗教信仰或政治观点原因歧视任何人或人的阶级；

（f）违反第7部分修改了实施规定。

预留给北爱尔兰地方立法权的发展空间，体现了高度自治性。这种高度自治的政治基础植根于在于这一地区的政治现状背后，英国和爱尔兰两个主权国家之间的政治妥协格局之中。这个地区的相对独立性，除了政治因素，在立法上要求有高度自治能力，还有深厚的历史文化传统因素：北爱尔兰作为以天主教为主流宗教的地区，和奉行英国国教的中央政府之间存在历史文化意识形态等多方面的差异。所以到今天，始终为中央政府所坚持保留的"除外事项"包括的事项是有限的，可以分为三类：一类是传统主权最核心的事务，包括皇室、议会主权、国际事务、国防、移民与国籍、国家安全、货币、核能源以及有关南极洲和外太空事务等；一类则与英国和爱尔兰政府达成关于这一地区的政治地位与基本政制结构有关，主要是北爱尔兰政权的选举组织规则；还有一类主要与国家提供的公共服务相关，包括国家（福利）保险、电力。一个可能值得引起研究者兴趣的是，和苏格兰不同，北爱尔兰的税收权属于中央保留的"除外事项"，这是否因为北爱尔兰财政和经济与中央财政的特殊关联？因为这牵涉到另一个更复杂的主题，在此只在地方立法权分权结构的介绍层面提出，不敢在此仓促揣测。

回到北爱尔兰议会的立法，它针对北爱尔兰地区的立法，分为多个层级：基本立法（Primary Legislation），一般由政府部长、委员会或议员提交，在议会开会期间制定；根据它们所确定的法律框架，类似我国根据法律制定实施细则、执行规定，进行更快的修订、部分法律措施的变更，根据基本立法的授权，可以进行附属立法（Subordinate Legislation），也称为二次立法（Secondary Legislation），就此程序专门有《法规规则》（Statutory Rules）。二次立法中设立了专门的"检查者"（Examiner），他们针对不同的法案提交报告作为立法参考，给议会和相关的委员会［主要是法规委员会（Statutory Committee）］提供技术帮助。

2014年北爱尔兰公布的有关其地区内地方政府的法案《地方政府法案（北爱尔兰）》（2014）［Local Government Act（Northern Ireland）2014］中，区议会的规划和相关立法权限是比较有限的，主要限于本区社会福利、经济福利和环境福利等方面，强调应当符合"北爱尔兰可持续发展目标"以及"促进机会公平"、地区间合作和良好关系。在第82条"补充规定权"中，提出如果"（北爱尔兰政府）部门可以认为一项法规规定（无论何时制定获通过）组织或限制了（区）议会行使一般权力，该部门可以通过命令修改、撤销、废除或停止适用该规则"。总的来看，这些有关地方议会权力行使的界限问题——即使在有北爱尔兰议会制定的法律法规作为依据的前提下，在北爱尔兰的地方政府体制设计中，并没有专门规定地方议会的"立法权"或规则制定权，而是通过更高层级的北爱尔兰政府部门行政命令或议会立法进行明确。在这个过程中体现出的是，就北爱尔兰地区而言，比较明显的行政集权体制，地方的权力，虽然有如前面所提到的制定规划和必然存在的区事务管理细则的权力，但作为北爱尔兰在英国整个宪法体制内所享有的独立地方立法权，或者比对英格兰地方政府所享有的地方自治事务的立法权，北爱尔兰地区的各区议会自治性更弱，地方立法权在地方基层社会治理中的作用并不突出。

后 记

党的十八届四中全会决定提出，要实现立法和改革决策相衔接，做到重大改革于法有据、立法要主动适应改革和经济社会发展需要。新《立法法》明确将"发挥立法的引领和推动作用"作为立法宗旨之一。全面深化改革，首先要求坚持依法推进。十九大报告指出，要深化依法治国实践。全面依法治国是国家治理的一场深刻革命，必须坚持厉行法治，推进科学立法、严格执法、公正司法、全民守法。推进科学立法、民主立法、依法立法，以良法促进发展、保障善治。当前，我国正处在全面建成小康社会决胜阶段、中国特色社会主义进入新时代的关键时期，实现"两个一百年"的奋斗目标和全面深化改革，都需要发挥立法的引领、推动和保障作用。

改革开放 40 多年来，我国地方立法取得了长足的发展，2000 年《中华人民共和国立法法》的颁布实施，标志着我国地方立法走向规范化、法制化快车道。2015 年 3 月 15 日，十二届全国人民代表大会第三次会议审议通过了关于修改《立法法》的决定，正式赋予设区的市地方立法权，将过去 49 个较大的市才享有的地方立法权扩大至 284 个设区的市，同时对地方立法质量提出了更新、更高的要求。这些修改对地方立法理论研究和地方立法人才培养提出了更高的要求。2018 年 3 月 11 日第十三届全国人民代表大会第一次会议通过的《中华人民共和国宪法修正案》，从宪法高度肯定了设区的市的立法权。这次立法主体的扩张，有利于我国地方各级人大及其常委会在宪法法律的范围内，制定体现本行政区域实际的地方性法规，有效地加强了社会治理能力，也进一步规范了设区的市的法治化程度。

在党的坚强领导下，广东省地方立法工作坚持科学立法、民主立法、依法立法为基本原则，取得了丰硕的立法成果，并在立法项目、立法理念以及立法学教育等方面推动了地方立法事业的进步。特别是在本教材的成书期间，黄龙云主任领导下的广东省人大常委会屡开先河、广创新规，为本教材的创新与改革提供了充足的实践经验。例如：黄龙云主任认为，党的领导是地方立法工作的根本原则，也是做好人大立法工作的根本法宝。因此着力实现"党领导立法工作"落实到地方立法的各个环节。除了党对立法工作的决定领导之外，黄主任要求广东省立法工作在科学立法、民主立法的基础上，做到五个"必须坚持"，即坚持以中国特色社会主义理论体系为指导、坚持围绕立法工作大局中的引领作用、坚持立法为民、坚持立法创新、坚持地方特色。为了进一步推进地方立法工作的有序开展，黄龙云主任领导下的广东省人大常委会主动联合广东省高校法学力量、律师团队，建立起多元化的法规起草后备力量以及《地方立法研究》（全国第一本以"地方立法"为题的法学刊物），为后续广东省立法后评估制度、公开征求意见制度、地方立法理论发展奠定了基础。

随着广东省地方立法工作的持续开展，广东省人大常委会与广州大学"广东省地方立法研究评估与咨询服务基地"研究团队合作，共同梳理、总结和发展了近年来地方立法理论与实践的主要成果，并在广东省地方立法研究高校联盟项目支持和资助下，完成了《地方立法教程》这一最新的地方立法成果。

本教材在编写团队上，凝聚了一批理论能力强、实务经验丰富的学者，包括董皞教授、卢护锋副教授、王轩博士、王凌光博士、段陆平博士、张颖博士以及张婷婷副教授（中共广东省委党校法学教研部）等。编写团队分别从地方立法、地方司法、地方执法、京津冀法治建设等方面对地方立法工作进行了阐述。为了适应这一新形势的要求，满足地方立法理论研究和地方立法人才培养的需要，本教材同时着重反映新立法状况，尽量采用学界通说的观点，简明、准确地阐述地方立法学基本概念和基本原理。同时，坚持理论联系实际的原则，在阐述地方立法学基本概念、基本原理的基础上，联系地方立法实践，力求为地方立法工作者提供理论指导。本教材内容包括：地方立法的历史发展、地方立法原则、地方立法体制、地方立法程序、地方立法解释与变更、地方立法的清理汇编与编纂、地方立法技术、地方立法评估、地方立法监督等。本教材体例与内容，均适合高等院校法学专业学生、宪法学与行政法学教研人员以及立法工作者学习、参考与使用，可作为高等院校法学专业学生教材使用。

编写本教材的目的是希望有助于地方立法研究和地方立法工作研讨交流，推动地方立法人才队伍建设，推进广东地方立法工作的创新发展。我们国家幅员辽阔，情况复杂，地方立法的作用不可替代。我希望本教材的出版，能够为地方立法机关、行政机关的立法工作者和社会各界人士了解地方立法、推进地方法治建设提供有益的帮助，使全社会都来关心立法、投身立法、推进立法，为全面推进依法治国、建设中国特色社会主义法治国家做出贡献。我们希望听到来自学界和实务界的交流之声，以便我们在未来的立法研究工作中能够更进一步。

在本教材即将出版之际，我谨代表本教材编写组，感谢第十二届全国人民代表大会法律委员会主任委员、香港特别行政区基本法委员会原主任、澳门特别行政区基本法委员会原主任乔晓阳作序；感谢广东省人大常委会原主任、第十三届全国人民代表大会华侨委员会副主任委员黄龙云对本书写作的关心和支持；感谢中国政法大学出版社各位领导对本书的精心编排与审校；感谢所有为本书写作提供帮助的人！

董皞

2020 年 6 月 5 日

图书在版编目（ＣＩＰ）数据

地方立法教程/董暤主编.—北京：中国政法大学出版社，2020.9

ISBN 978-7-5620-8631-4

Ⅰ.①地…　Ⅱ.①董…　Ⅲ.①地方法规－立法－中国－教材　Ⅳ.①D927

中国版本图书馆CIP数据核字(2018)第247962号

出　版　者	中国政法大学出版社
地　　　址	北京市海淀区西土城路 25 号
邮寄地址	北京 100088 信箱 8034 分箱　邮编 100088
网　　　址	http://www.cuplpress.com (网络实名：中国政法大学出版社)
电　　　话	010-58908285(总编室)　　58908334(邮购部)
承　　　印	保定市中画美凯印刷有限公司
开　　　本	720mm×960mm　1/16
印　　　张	12.5
字　　　数	191 千字
版　　　次	2020 年 9 月第 1 版
印　　　次	2020 年 9 月第 1 次印刷
定　　　价	48.00 元